ロマンスの辞典

The Romance Dictionary

Ryuma Mochizuki

Illustration by Juliet Smyth

(YUEISHA)

日常に「ロマンス」というフィルターを

本書は、調べ物をするにはまるで役に立たない辞典である。なぜなら掲載されている語句が「ロマンス」という極めてあやふやな基準によって選定されたからだ。しかもその意味は、すべて私の主観によって書かれている。

「ロマンス」という言葉にどんなイメージを抱いているだろうか。まず、似た言葉に「ロマン」というものがある。おおよそ夢や冒険といった観念と隣り合わせで使われるものだ。「男の『浪漫』」という風に、漢字で表されることもある。一方で「ロマンス」は主に恋愛事を指すことが多い。さらに、その極北にあるのが、景色や言葉、雰囲気などに広く用いられる「ロマンチック」という言葉だろう。

それぞれの言葉の本来の意味はさておき、本書ではそれら三要素をひっくるめて「ロマンス」として扱った。いわゆる辞典とは一線を画す一冊に仕上がった。それゆえ、記した言葉の意味のほとんどは、受け手のみなさん一人ひとりによって異なる捉え方ができるはず。もしも本書のどこか一箇所だけでも、みなさんの感受性にキュンと刺さることができたなら、これほど幸福なことはない。

本書は単なるフィルターである。そこに正解など存在しない。だからこそ、本書を手がかりに、日常の中に隠されたロマンスを見つけ出していただきたい。この世界という舞台は、視点というスポットライトの当て方をほんの少し切り替えるだけで、悲劇にも、喜劇にもなり得るのだ。引くのでも、読むのでもなく、ただ感じるつもりで、どうか思いのままにページをめくっていただきたい。

CONTENTS

あ
A
007

か
Ka
037

さ
Sa
077

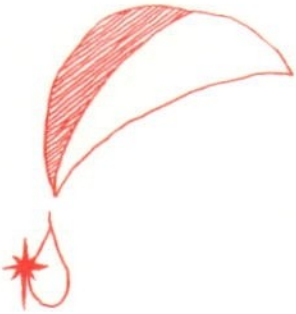

た
Ta
119

な
Sa
145

は
Ha
175

ま Ma 209

や Ya 243

ら Ra 259

わ Wa 273

002 まえがき

036 Column 1. ロマンチックな場所を探して

076 Column 2.「さようなら」は最後の贈り物

118 Column 3. 相手を引きとめるための仕草とは

144 Column 4. 浮気はなぜ悪いことなのか

174 Column 5. 本当の優しさとは何か？

208 Column 6. 人生初の試練「初デート」について

242 Column 7.「結婚は人生の墓場」の真実

276 INDEX

284 あとがき

ロマンスの辞典

The Romance Dictionary

愛

（あい）

（一）人類がもれなく罹る病で、誰かのために命を投げ出してもいいという、ときに当人の想像を超えた勇気と力をもたらす天恵。
（二）本辞典のすべてのページを構成している概念。

あ

合鍵（あいかぎ）

これ以上、何も盗まれる物がないときに渡す最後のプレゼント。

あ

愛の告白（あいのこくはく）

少年にとっては一大決心のギャンブル。大人にとっては届けられた愛に消印を押すだけの甘い二人芝居。

あ

青あざ（あおあざ）

まるで葡萄が潰れたような、
皮膚の中の鮮やかな痕。

赤提灯（あかちょうちん）

心の傷を酒で消毒してくれる、大人
のための病院に掲げられた赤十字。

↓暖簾

赤の他人（あかのたにん）

これから出会い、人生をともにで
きる可能性を秘めたすべての人々。

秋（あき）

人恋しさが枯葉のように
積もってゆく感傷の季節。

↓冬

握手（あくしゅ）

喧嘩の後に二人の仲をより
強固にする赤い糸の結び目。

憧れ（あこがれ）

想いを燃料に心の中で
燃え上がる青い炎。

朝（あさ）

一日の始まり。ロマンスの終わり。
↓夜

朝日（あさひ）

目覚めた後に誰もが羽
織る白いロングコート。
↓夕日

アディショナルタイム（additional time）

終電間際、君を駅まで送っている時間。
しばしばここで恋が動き出すことがある。

雨音（あまおと）

路上や屋根の上で
刻まれるビート。

雨（あめ）

街をビーチに変える雨雲のいたずら。

雨やどり（あまやどり）

（一）雨を避けるために、屋根のある場所に身を隠すこと。
（二）心の中は晴れ渡っている状態。隣に君がいるから。

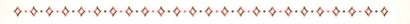

あ

あ

安心感

（あんしんかん）

愛する人の胸に顔をうずめたときに
ふくらむ、心の中の風船。

あ

いいえ

相手の言葉を打ち消したり、拒否したりするために用いられる言葉。ただし、意中の相手に対して発せられたときはその限りではない。

許婚（いいなずけ）

ヴィンテージ仕様の恋の形。

漁り火（いさりび）

真夜中の海辺を照らし出す、魚たちのミラーボール。

遺失物（いしつぶつ）

幼い頃に抱いた夢や、出会った頃の約束、未来への道標などがこれにあたる。取り戻すには、勇気と努力の届け出が必要。

医者（いしゃ）

人体のあらゆる異常を見破り、解決の手立てを示す救世主。ただし恋の病を除いて。

一学期（いちがっき）

君と初めて目が合った春の訪れ。
↓二学期

一日千秋（いちじつせんしゅう）

（一）非常に待ち遠しいこと。
（二）君からの返信を待つ時間。

一途（いちず）

僕から君へ線を引いた、分かれ道のないあみだくじ。

一年（いちねん）

（一）三百六十五回のときめきからなる一期間。
（二）君と出会うまでの永遠。君と出会ってからの一瞬。

Day 1

田舎（いなか）

ゆっくりと時間が流れる、絵画のような世界。

↑↓都会

い

イヤホン（earphone）

電気信号を音響信号に変換し、片耳ずつ君と気持ちを分け合えるときめきの導火線。

い

色男（いろおとこ）

出会いと別れを繰り返し、女性の頬を涙で濡らして駆け抜ける通り雨。

引力（いんりょく）

君と僕にはたらいている不思議な作用。距離と想いは反比例する。

ウインク（wink）

僕の心を一瞬で惹きつける、儀式も呪文も必要ない君の得意な魔術。

嘘（うそ）

優しさという絵具で描いた名画の贋作。

ウイスキー（whisky）

一口飲むだけで長い歳月を味わえる、時間旅行ロケットの液体燃料。

ウェディングドレス（wedding dress）

この世でもっとも美しく引きずられる幸福な装い。

う

腕時計

（うでどけい）

もう少し一緒にいたいとき、
そっと外す夜の鎖。

う

海

（うみ）

地球上の大部分を占める水域。君への想いの次に、広く深い。

う

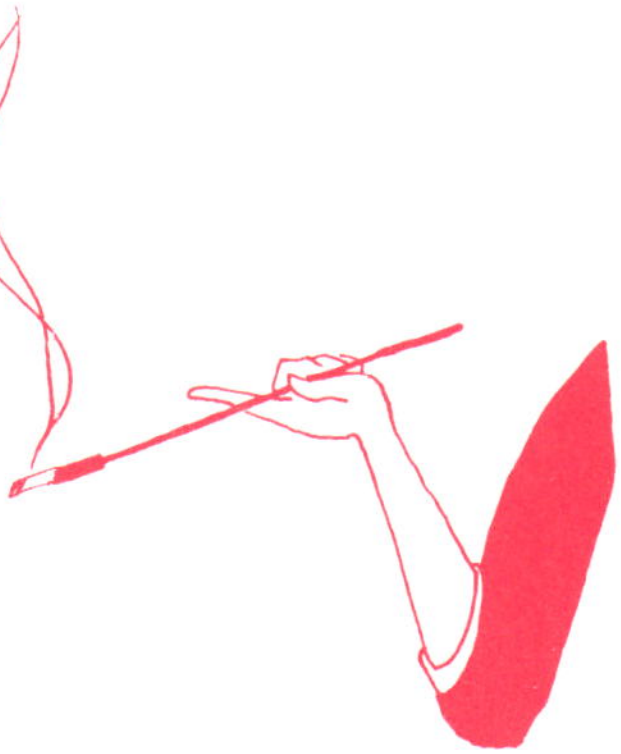

浮気（うわき）

消し忘れた煙草を灰皿に残したまま、次の煙草に火をつけるような過ち。

↓不倫

う

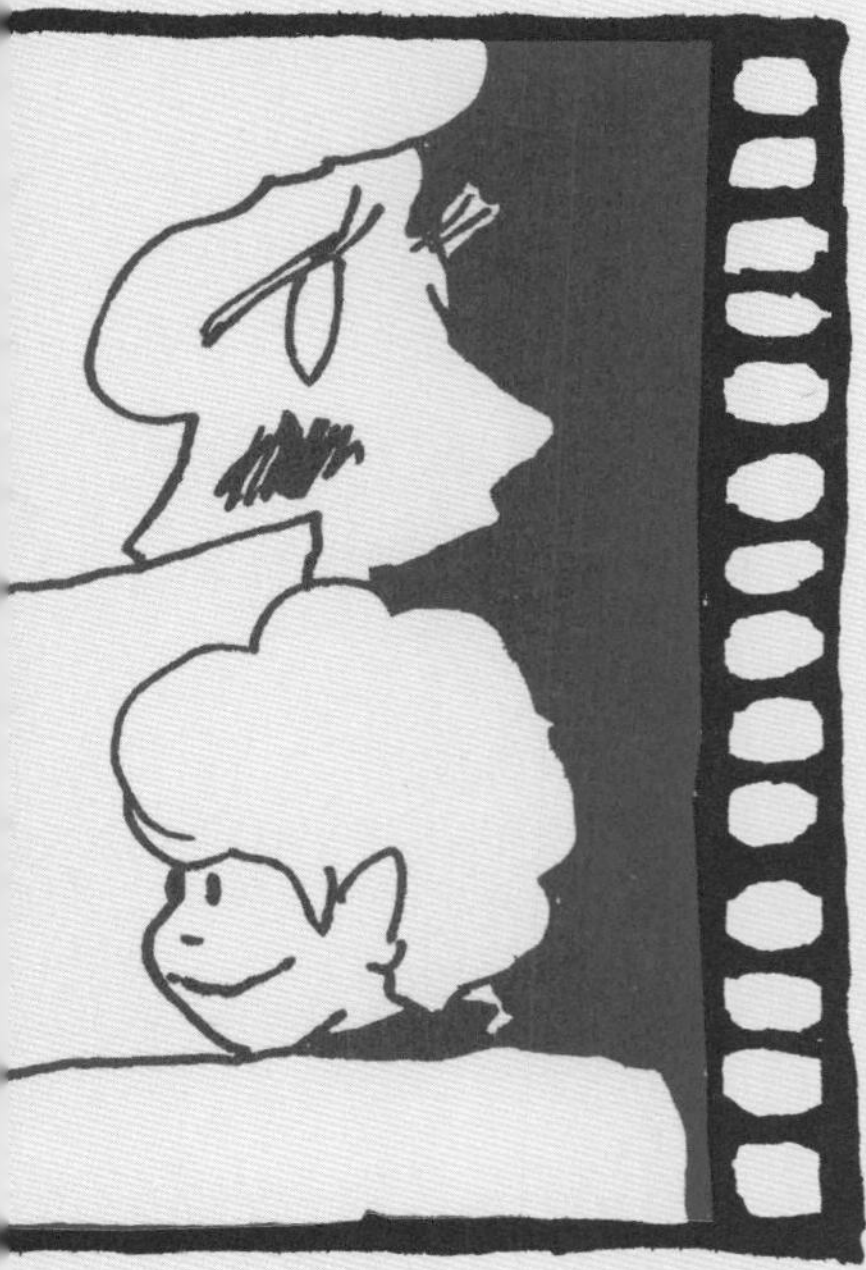

映画館

（えいがかん）

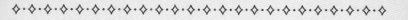

初デートにおける気づまりな沈黙を暗闇とスクリーンに仲介してもらう娯楽施設。

え

遠距離恋愛

（えんきょりれんあい）

会いたいという気持ちと会えない寂しさを天秤にかけながら、心のつながりだけを頼りに恋をするもっとも貴い関係性。

え

オーロラ（aurora）

空が履く虹色のフレアスカート。

幼馴染み（おさななじみ）

恋愛の始発列車の同乗者。

お辞儀（おじぎ）

愛と敬意を込めた美しい傾き。

大人（おとな）

恋に責任が必要な時代。

⇅子供

思い過ごし（おもいすごし）

多くの恋の蕾がこの勘違いによって花を咲かせずに終わる。

思い出（おもいで）

心に飾られた永遠に色褪せない
ドライフラワー。

面影（おもかげ）

街角でときどき見かける、
記憶の引き金。

思わせぶり（おもわせぶり）

意中の相手の心に
止めておく待ち針。

親（おや）

この恋がいつか実ったときに増える存在。

親指（おやゆび）

グラスのふちについた
口紅を拭うための指。

ロマンチックな場所を探して

ロマンチックな場所と聞いて思い浮かべるのは、たとえば夜景の見えるレストランだったり、静かなジャズの流れるバーだったり……。ロマンチックであることは確かだが、それだけがすべてではない。同じ酒場にしても、バーではなく居酒屋だとどうだろう。ガヤガヤとした話し声に、香ばしい煙の匂い。場所を移すだけで、イメージがガラッと変わるはずだ。

決して気取った場所だけがロマンチックであるとは限らない。むしろ、より身近で、より日常的な場所の方が恋の生まれる可能性は高いのだ。狭いカウンターで隣り合った異性と目が合って乾杯するのに、洒落たカクテルである必要はない。ビールや日本酒で、肩の力を抜いて会話をするのも素敵な恋の始まりだろう。

また、ロマンチックとは、決して大人のためだけに用意された言葉ではない。学校の誰もいない空き教室で気になる相手と息をひそめるのも、夕暮れのバス停で片想いの相手と偶然一緒になるのも、たまらなく胸をしめつけられるロマンチックなひとときだ。雰囲気が舞台に左右されることは確かだが、それ以上に大切なのは、誰とその物語を演じるか、ということなのではないだろうか。

か

Ka

ロマンスの辞典

The Romance Dictionary

カーステレオ（car stereo）

二人のためだけの移動式交響楽団。

カーテン（curtain）

僕たち二人がひとつの影絵になる夜の映写幕。

海岸（かいがん）

煌めく砂浜の絨毯が敷きつめられた海のエントランス。

会社（かいしゃ）

賃金とロマンスが効率よく生み出される、大人たちの社交場。→学校

街灯 （がいとう）

夜の街を彩る道沿いのキャンドル。

かかと

キスをする瞬間に地上から離れる、女性の身体の部位。
↓背伸び

鍵穴 （かぎあな）

ポッカリと空いた心の隙間。優しさ、いたわり、思いやりなど、開くための鍵の形状は人によって様々。

カクテルグラス （cocktail glass）

お酒や果物に彩られた机上の小さなアクアリウム。

La Ré
tion

革命
（かくめい）

（一）社会や政治構造といった、既成の物事の価値を根本的にあらためること。
（二）初めて君と出会った日。

確率

（かくりつ）

どうして僕たちは出会うことができたのかを考えると、奇跡としか言いようのない数値。

か

か

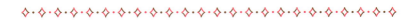

傘

（かさ）

雨の日に二人の距離を近づける手持ちの天蓋。

風（かぜ）

自然という名の楽器を揺らして音を奏でる名指揮者。

片想い（かたおもい）

恋の夜明け前。⇅両想い

学校（がっこう）

努力や友情、恋や挫折を経験できる思春期の社交場。↓会社

かつおぶし

鉄板の上の踊り子。

カメラ（camera）

記憶を形にする人類の偉大な発明品。

カラオケ（karaoke）

君の歌声をひとり占めできる
貸切のコンサート会場。

枯葉（かれは）

踏みしめると乾いた音を立てる
秋の路上の鍵盤楽器。

可愛い（かわいい）

君のこと。

考える（かんがえる）

真実の恋には必要のない行動。

間接キス（かんせつきす）

純情の物差し。

乾杯（かんぱい）

煌びやかな夜の
始まりの合図。

か

看病（かんびょう）

もっとも身近で、もっとも
愛のこもった医療。

か

記憶（きおく）

時間とともに少しずつ消えてゆく
心のページを綴るインク。

聞き飽きた（ききあきた）

そう言われるまで、僕は毎日
君に愛の言葉を囁き続ける。

キスマーク（kiss mark）

はしゃぎすぎた真夜中の大
人のかさぶた。夢の名残。

喫煙者（きつえんしゃ）

寿命を削ってダンディズム
を守る都会のホタル。近年、
生息地は激減している。

きっかけ

恋という物語の一ページ目。

喫茶店《きっさてん》

コーヒーを飲み干すまでのあいだ、向かい合って座っていられる砂時計。

き

切っても切れない（きってもきれない）

二人の縁。

汽笛（きてき）

旅立ちのハミング。

義務（ぎむ）

バーのカウンターでひとりきりの女性を見かけたら、何も言わずに一杯のカクテルをプレゼントする紳士の振る舞い。

逆算（ぎゃくさん）

君が喜ぶだろうから、ここにプレゼントを隠しておこう。

旧友（きゅうゆう）

お互いに思い出という部屋の合鍵を持っている、時空を超えた間柄。

器用（きよう）

右手で髪をなでながら、
左手を背中に回すこと。

教科書（きょうかしょ）

君と僕のあいあい傘を描くの
にうってつけの、知識と余白
で構成されたスケッチブック。

教師（きょうし）

黒板に夢を描く青春という
舞台の脚本家。

嫌い（きらい）

この感情からはじまる恋もある。

霧（きり）

大地にかかるシルクのタオルケット。

銀河

（ぎんが）

世界中の宝石をばらまいても足りないほどの輝きを持つ、空に流れる川。たとえば恋する人の瞳の奥に見られるような。

近視（きんし）

すぐ傍にいる君のこと以外はぼやけてしまう、恋を加速させる病。

禁断症状（きんだんしょうじょう）

君に会えない日に胸の奥がしくしく痛むこと。

緊張（きんちょう）

本気だからこそ表れる身体のこわばり。一歩前へ進むための勇気の呼び水。

金曜日（きんようび）

何もかもを夜に溶かしてしまえる、自由と疲労に包まれたまばゆい週末の一日。

空席（くうせき）

君のために空けている僕の隣のスペース。

偶然（ぐうぜん）

恋の始まりを辿ると必ず
存在している運命の糸口。

釘付け（くぎづけ）

君に出会ってからの僕の視線。

口笛（くちぶえ）

思わず耳をすませてしまう、
そよ風よりも優しい楽器。

空想（くうそう）

いつまでも君を想い続けて
いられる夢のような世界。
⇅現実

愚痴（ぐち）

君の口からときどき漏れ聞こえる、
心のチューニング音。

Miss
You

口紅（くちべに）

大人のクレヨン。

く

口説き文句（くどきもんく）

愛情という素材の調理方法。また、その盛り付け方。

曇りのち晴れ（くもりのちはれ）

君と会ったときの心模様。

クリスマス（Christmas）

もっとも多くの恋人が誕生し、もっとも多くのキスが交わされる聖夜。

契約書（けいやくしょ）

君との指切りの次に強い効力を持つ文書。

化粧落とし（けしょうおとし）

僕だけが知っている君の表情を引き出す魔法のオイル。

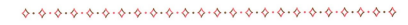

下駄

（げた）

恋人に手を引いてもらうために、わざと歩きづらく設計された夏の履物。

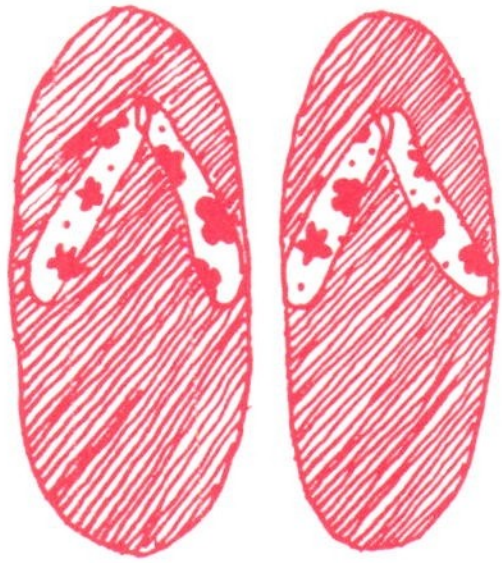

け

結婚（けっこん）

恋の終わり。愛の始まり。

↓離婚

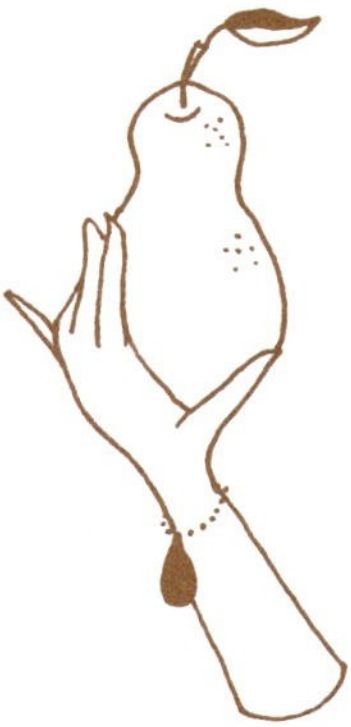

結実《けつじつ》

君が振り向いてくれたこと。

け

月食（げっしょく）

月のかくれんぼ。⇅日食

結露（けつろ）

窓辺に浮かぶ月のしずく。

兼業（けんぎょう）

僕が君の恋人でありながら、
詩人でもあるような。

健康（けんこう）

一日でも長く君と一緒に過ごす
ために必要な愛の資本。

倦怠期（けんたいき）

一定の交際期間を経たカップルの充電期間。

現実（げんじつ）

この手で君に触れることのできる確かな世界。↑↓空想

恋（こい）

誰もが生涯において一度は落ちる、底のない穴。

恋人（こいびと）

この世でもっとも甘い響きを持つ三人称。

こ

こ

恋煩い（こいわずらい）

多くの者が既往歴を持つが、
決して処方箋の出ない風邪の亜種。

後悔（こうかい）

想いを伝えなかった者への置土産。

口角（こうかく）

喜びを知らせる魅力的な曲線。

交差（こうさ）

交わること。たとえば二人の
運命の道筋のように。

降参（こうさん）

惚れた側の心境。

公衆電話《こうしゅうでんわ》

君との会話に時間制限というスリルを与えてくれる小さな演出家。

こ

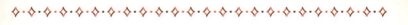

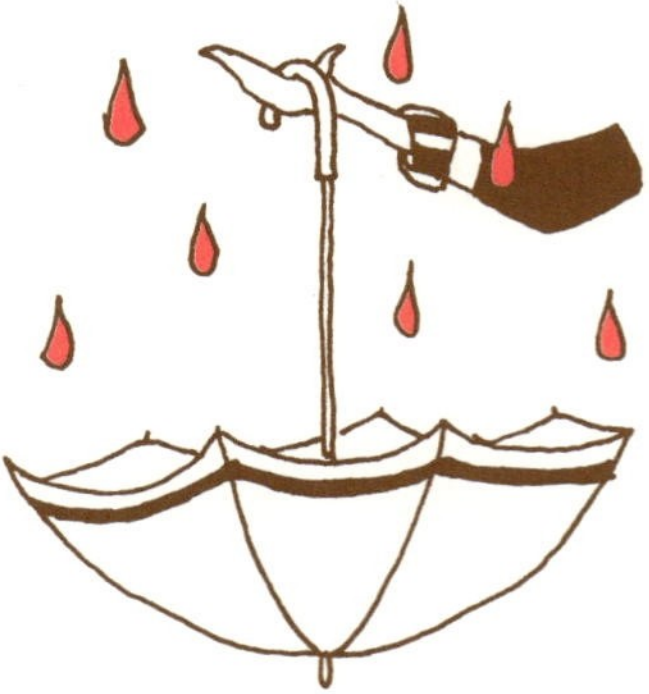

好都合（こうつごう）

雨の日に君が傘を忘れたときのような。

こ

幸福

（こうふく）

愛しあう者同士のあいだに咲く小さな花の名前。

こ

コーヒー

(coffee)

この世でもっともほろ苦い飲み物。叶わなかった恋と同じくらいに。

こ

木枯らし（こがらし）

落ち葉の操縦士。
秋の船頭。

こ

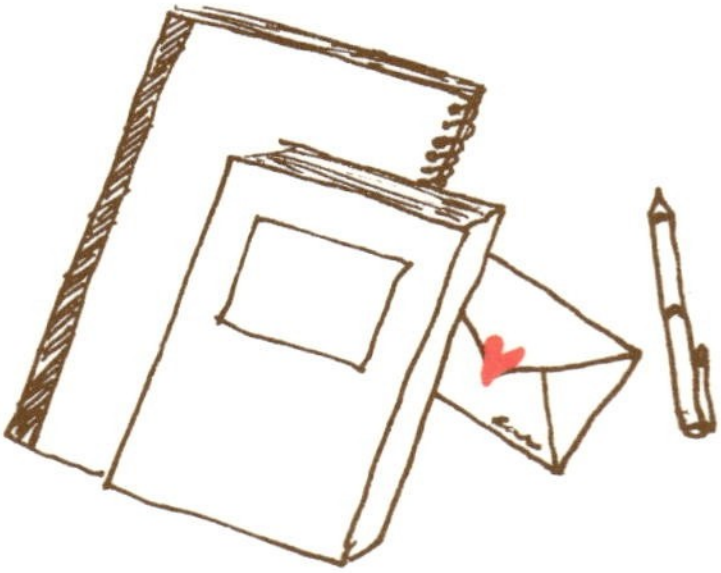

心残り（こころのこり）

二度と巻き戻せない
人生というフィルム
の彼方の忘れ物。

こ

古今東西（ここんとうざい）

常に恋愛があった。

鼓動（こどう）

君に近づくと激しくなり、
遠ざかると収まってゆく、
胸の中の小さなレーダー。

子供（こども）

恋に理由のいらない時代。
⇅大人

ごめんなさい

信頼というライセンスを紛失した
際の再発行のパスワード。

木漏れ日（こもれび）

大地にこぼれた光のドロップ。

小指

（こゆび）

二人の赤い糸を結びつけておく愛という港の杭。

こ

コンパス

(compass)

正しい方角へ進むために欠かせない道具。たとえば男女の仲においては、気くばりや尊敬、思いやりがそれにあたる。

「さようなら」は最後の贈り物

人は恋の揺籃期には、いくらでも詩人になれる。そこには絶えず甘い時間が流れているからだ。ただし、ときめきは永遠のものではない。お互いを知り、信頼するほど、今度は穏やかな関係へ変わってゆく。周りの見えない、恋にめまいしている時期に口をついて出た詩の数々が真実であるかどうかは、二人の関係が次の段階へ進んでから明かされるものだろう。

どんなに詩人で居続けられたとしても、終わってしまう恋はある。恋はめぐり合わせのようなものだから、仕方のないことなのかもしれない。だからといって、恋が終わってしまっても、詩人でいることをやめる必要はない。いかにして「さようなら」を伝えるか。実はそれこそが、その恋の記憶を決定づける要素だと思うからだ。

愛の言葉を囁くのが上手い人間でも、別れの言葉が巧みだとは限らない。だからこそ、悲しい別れのシーンこそ、もしも詩人でいられたら、すべてを美しい思い出の籠にしまい込むことができるはずだ。一度は出逢って、同じ時間を過ごした相手。最後のプレゼントのつもりで、自分なりの別れの言葉を考えてみてはいかがだろうか。

ロマンスの辞典

The Romance Dictionary

再婚（さいこん）

結婚というロマンス映画の次回作。

歳時記（さいじき）

日常をより豊かにするための先人の発明。

桜前線（さくらぜんせん）

毎年春に、わが国に押し寄せる美しい波。

策略（さくりゃく）

意中の相手の前で酔ったふりをするような、秘密のはかりごと。

酒（さけ）

口説き文句が次から次へとあふれてくる、一時的に色男になれる薬。

サプライズ（surprise）

君から笑顔と嬉し涙という宝物を引き出すために行う秘密工作。

三角関係（さんかくかんけい）

ロマンスの交差点。愛情事故の多発地帯。

散歩（さんぽ）

君と手をつないで踊る、休日のスローワルツ。

さようなら

もっとも近くにいる人を世界の果てまで飛ばしてしまう禁断の呪文。

三学期（さんがっき）

君に想いを打ち明けた冬の終わり。

↓卒業式

死

（し）

人類が共通して恐れる概念。
君を守るときの僕を除いて。

し

シーツ

(sheets)

大人のダンスフロアー。

し

潮騒（しおさい）

海の奏でるジャズナンバー。

し

The Story of My Life

栞（しおり）

本の恋人。

詩人（しじん）

誰しもが一度は就く職業。人はみな、恋をするのだから。

→哲学者

しずく

蛇口や葉先からしたたり落ちる透明なキャンディー。

し

嫉妬（しっと）

強く縫いつけられた愛の裏地。

し

失敗（しっぱい）

成功へ向かう列車が、必ず通過する途中駅。

質問（しつもん）

恋愛において必要ないくつかの投げかけ。たとえば「この後空いてる？」「キスしてもいい？」「今、どんなこと考えてる？」など。

失恋（しつれん）

（一）大人になるための予防注射。

（二）始めは苦くても、時間が経つと甘やかになる思い出の樽の熟成酒。

詩的（してき）

ロマンスというスカーフを巻きつけた佇まい。

自動ドア（じどうどあ）

僕の胸の中にある君専用の心の扉。

自動販売機（じどうはんばいき）

ひどく落ち込んだ夜でも灯りと温もりを提供してくれる四角い働き者。

霜柱（しもばしら）

真冬の晩、大地が眠れずに創作した朝明けの彫刻作品。

社交辞令（しゃこうじれい）

相手を喜ばせるために添える、優しさのトッピング。

車窓（しゃそう）

別れの言葉さえパントマイムに変えてしまう無声映画のスクリーン。

社内恋愛（しゃないれんあい）

多くが隠密行動を必要とする水面下で燃える恋。たとえばわざと一本ずらした電車で通勤するような。

シャワー

(shower)

男と女に降る短い雨。

終電（しゅうでん）

ロマンスの足りない夜に
わざと逃すもの。

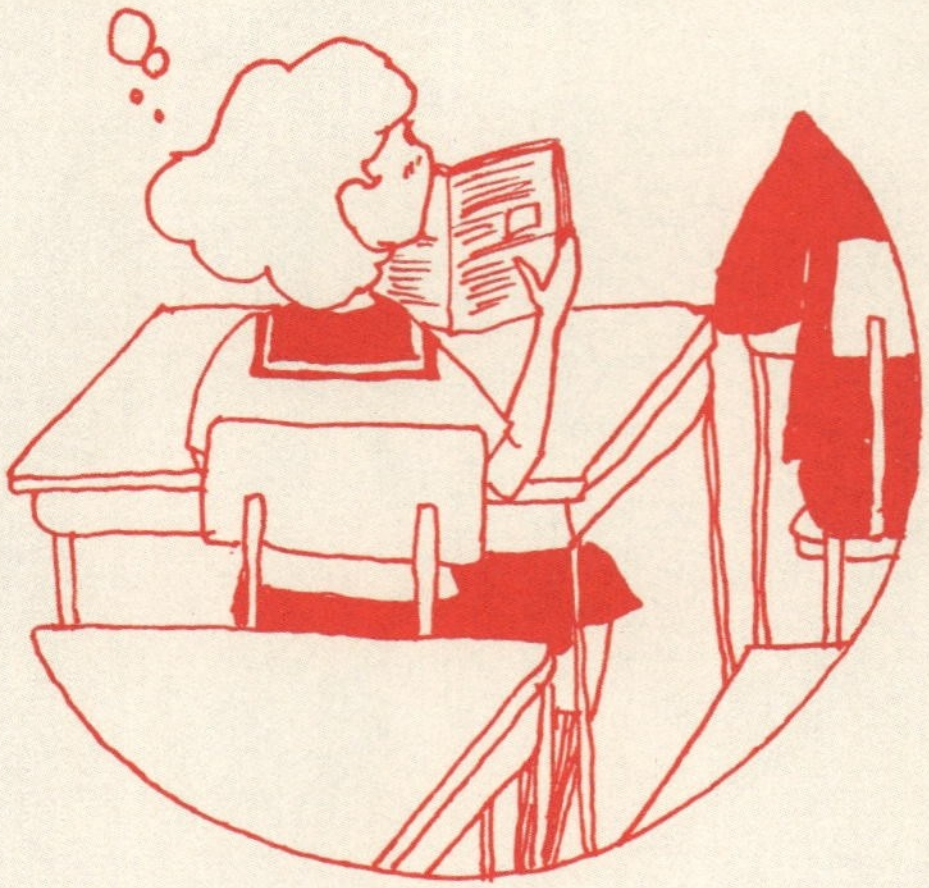

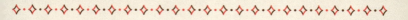

授業（じゅぎょう）

君の後ろ姿を見つめるために
費やされる50分間。

障害（しょうがい）

絆を深めるために用意されたアトラクション。

条件（じょうけん）

愛さえあれば二人のあいだには必要のない縛り。

定石（じょうせき）

女性が男性に手料理を振る舞い、男性が女性に花束を贈るような。

食パン（しょくぱん）

朝、家を出る前にこれをくわえるかどうかで運命が左右される、かつて創作の世界で重宝された小麦製の切符。

↓曲り角

助手席（じょしゅせき）

君のための揺り椅子。

女優（じょゆう）

女性が生まれながらにして就いている職業。ただし、二人きりのとき、台本を置くこともある。

皺（しわ）

年齢を重ねるたびに増えてゆく経験の軌跡。魅力の刻印。

進行形（しんこうけい）

今も愛している。

信号待ち（しんごうまち）

短いキスをするのにちょうどよい時間。

人生（じんせい）

君を愛するには短すぎる期間。

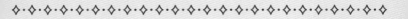

森羅万象

（しんらばんしょう）

（一）この宇宙に存在するすべてのもの。

（二）ベッドに入った後、明かりの次に消える君以外の一切。

し

吸い殻（すいがら）

寂しい夜ほど積もってゆく、
孤独な男の部屋に降る雪。

数学（すうがく）

君の心を解き明かすには
まるで役に立たない学問。

スカート（skirt）

風が吹くたびに揺れる街角の風見鶏。

好き（すき）

想ってから口にするまで、
もっとも時間のかかる二文字。

隙（すき）

恋を発展させるためにある程度必要な、相手の勇気が入り込む余地。

スケジュール帳（すけじゅーるちょう）

（一）君との予定を入れるために空けてある白い升目。
（二）君との予定で埋まってしまった黒い升目。

透き通る（すきとおる）

向こう側が見えるほど透明であること。ガラス玉、かげろうの羽、恋する少女の心などがこれにあたる。

鈴虫（すずむし）

秋の夜の演奏者。

すすり泣き（すすりなき）

薄曇りの心から聞こえてくる海鳴り。

す

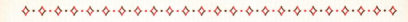

裾

（すそ）

相手を引き止めるために作られたシャツの余白部分。指先でそっと摘まむように引いて使う。

す

スマートフォン

（smartphone）

離れていても人とのつながりを保っていられる、寂しがり屋の現代人が持つ小さなガラス板。

す

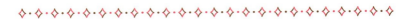

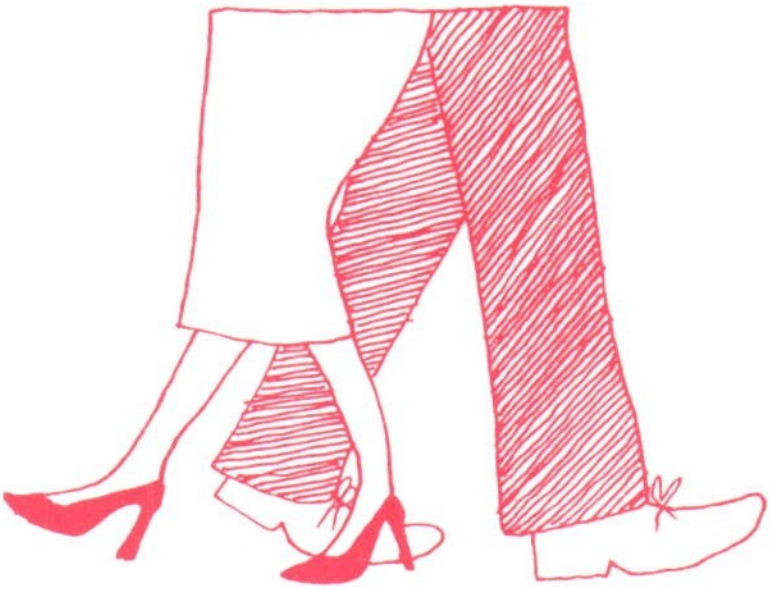

すれ違い《すれちがい》

何度でも巡り会えることを
証明するための愛の試練。

す

誠実（せいじつ）

恋の継続に必要な資格。

静寂（せいじゃく）

見つめあう恋人同士のあいだに流れる甘やかな風。

青春（せいしゅん）

多くの者が忘れ物をしたまま帰ってこない単線の特急電車。

制服（せいふく）

二度と着ることもないのに、たんすの奥に大事に眠る青春の象徴。

席替え（せきがえ）

恋愛という舞台の結末を左右する神様のキャスティング。

昔日（せきじつ）

振り返ればいつも背後から見守ってくれている厳しくも優しいパートナー。

惜別（せきべつ）

きっとまた逢えると信じたあたたかい涙に煌めく別れ。

責務（せきむ）

責任と義務。恋愛においては、一度愛したなら、必ず幸せにすること。

世間話（せけんばなし）

沈黙を埋めるのに最適なもっとも穏やかで幸福な話題。

刹那（せつな）

（一）仏教における時間の最小単位。指を一度弾く間に60～65回の刹那があるとされる。
（二）人が恋に落ちるのに十分すぎる時間。

せ

せ

絶望
（ぜつぼう）

君のいない明日。

背中（せなか）

抱きしめるときに手を回し、別れのときに見送るあたたかな平面。

背伸び

（せのび）

キスまでの距離を埋めるのにちょうどよい動作。

↓かかと

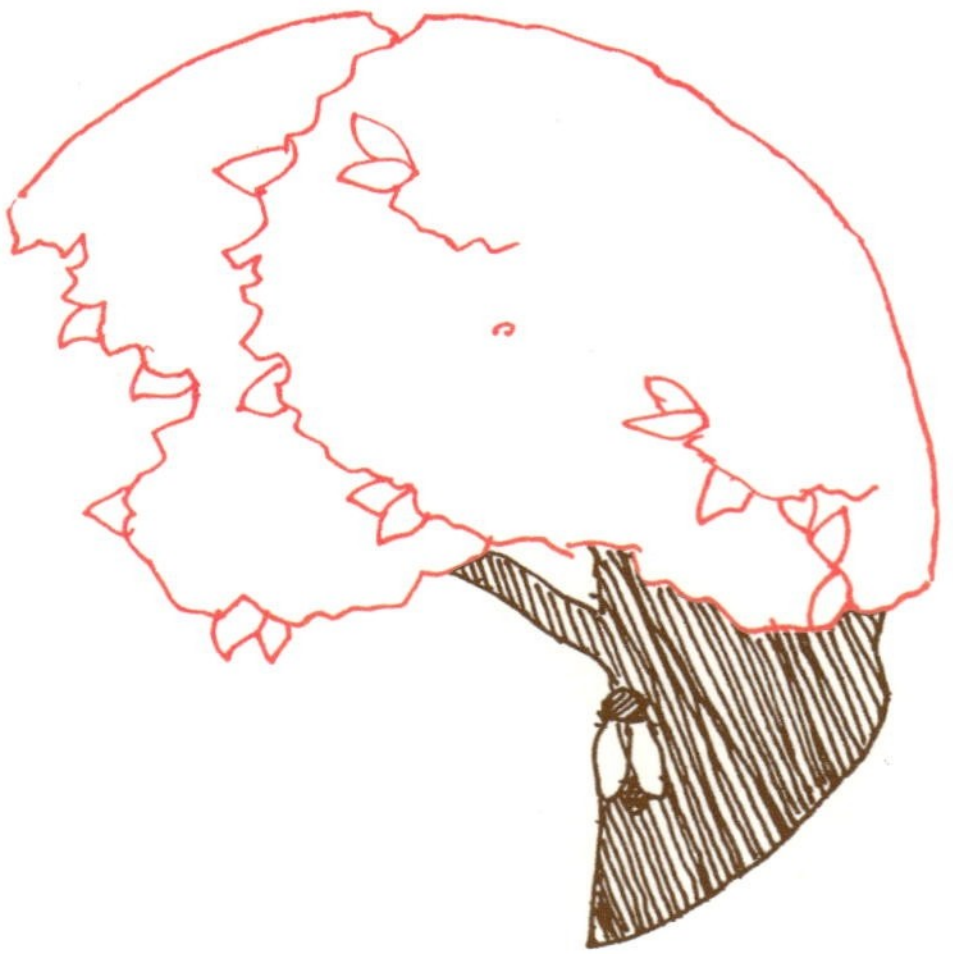

蝉時雨

（せみしぐれ）

八月のクラクション。

せ

線香花火

（せんこうはなび）

恋の次に儚いもの。

せ

ソーシャルネットワークサービス（social network service）

忘れられない初恋の相手の現在を
少しだけ覗き見られる魔法の鏡。

卒業式（そつぎょうしき）

君の背中を見送った春の訪れ。

卒業旅行（そつぎょうりょこう）

別れの国の国境の手前で
行われる青春旅行。

空（そら）

心を投影させるのに
うってつけの巨大な写し鏡。

空耳（そらみみ）

君の声が聞こえたような。

ソレイユ（soleil）

（一）フランス語で太陽またはひまわり。
（二）君の笑顔。

尊敬語（そんけいご）

真実に小さなリボンをつけて贈る
日本語特有の美徳。

存在証明（そんざいしょうめい）

君を愛することでしか確かめられないもの。

尊重（そんちょう）

今夜はお気に入りの赤ワインでなく、
君の好きな白ワインを選ぶこと。

相手を引きとめるための仕草とは

本書の中に、「裾」という項目がある。「相手を引き止めるために作られたシャツの余白部分。指先でそっと摘まむように引いて使う。」としたが、これは主に女性が男性に対して行うのが一般的だろう。では、男女が逆の場合はどうだろう。「腕時計」という項目では、「もう少し一緒にいたいとき、そっと外す夜の鎖。」と書いた。男女どちらにも当てはまる行動だが、腕時計というイメージから、どちらかといえば男性をイメージできるのではないか。

直接伝えるのはどうしても照れくさい。それに、相手が自分と同じ気持ちだとは限らない。そんなときは、間接的に想いを知らせるのが有効だ。終電の時間が迫ったバーで、「最後にもう一杯頼みますか?」と聞いてみる。もちろん、本当に帰らなければならない相手を無理に引きとめるべきではない。あくまで断りやすいように尋ねよう。「この一杯のカクテルを飲むことで、もしかしたら終電に間に合わないかも……」そんな風に感じながらも、相手は頷いてくれるかもしれない。言葉の裏で駆け引きがなされているわけである。言葉にするのが憚られるなら、アイテムに頼るのも決して間違ったことではない。

ロマンスの辞典

The Romance Dictionary

ダーリン（darling）

恋愛というミッションに挑む恋人同士のコードネーム。

大安吉日（たいあんきちじつ）

（一）六曜のひとつ。万事によいとされる日。
（二）僕にとっては君の機嫌がよい日。

大学生（だいがくせい）

打算なしに恋愛できる最後の期間。

体内時計（たいないとけい）

恋をしていると狂う人間の機能。たとえば二人きりの夜がほんの一瞬に感じられるように。

タイトル（title）

「永遠の愛」。

君と僕が主役の物語。

ダイヤモンド

（diamond）

この世で一番の輝きを放つとされている宝石。ただし、君が身に着けると二番目になる。

タクシー

（taxi）

君を連れ去る午前零時すぎのカボチャの馬車。↓門限

た

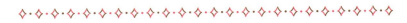

煙草（たばこ）

寂しさを空へ飛ばす、
大人のシャボン玉。

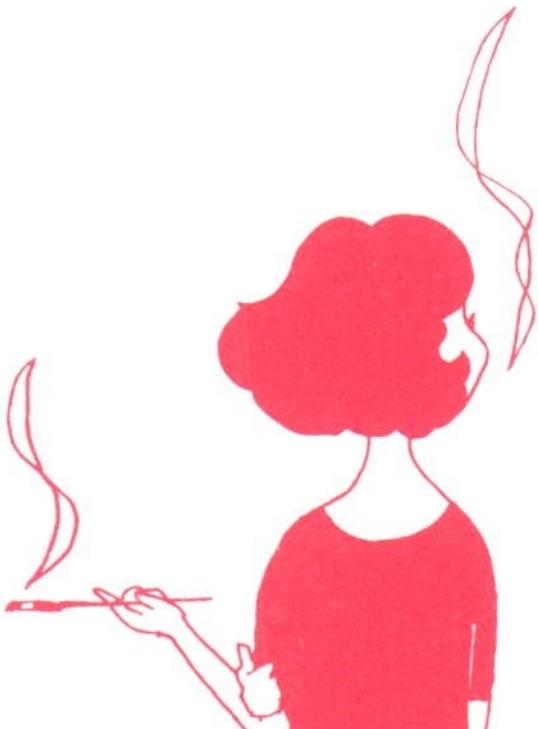

た

タバスコ（tabasco）

瓶の中につまった炎。

ため息（ためいき）

心の中の悲しみをそっと
吐き出すブルース。

炭酸水（たんさんすい）

グラスの中の打ち上げ花火。

単純明快（たんじゅんめいかい）

僕が君を好きだということ。

誕生（たんじょう）

君と出会うまでの
カウントダウンの始まり。

知恵の輪（ちえのわ）

力づくでほどいてはいけない玩具。僕たちが喧嘩してしまったときと同じように。

誓い（ちかい）

君を一生愛するという
至極当たり前の宣言。

近道（ちかみち）

目的に早く辿り着ける道や手段のこと。
恋愛においては誠実さがこれにあたる。

地球（ちきゅう）

若い頃の恋愛と等しく、青かったと称される天体。

チケット

（ticket）

君をデートに連れ出すために、
わざと余らせる紙きれ。

ち

長夜（ちょうや）

（一）いつまでも明けない秋や冬の夜。

（二）君のいない夜。⇅短夜

ち

追伸（ついしん）

気の利いた愛の台詞を記すのに
ちょうどよいスペース。

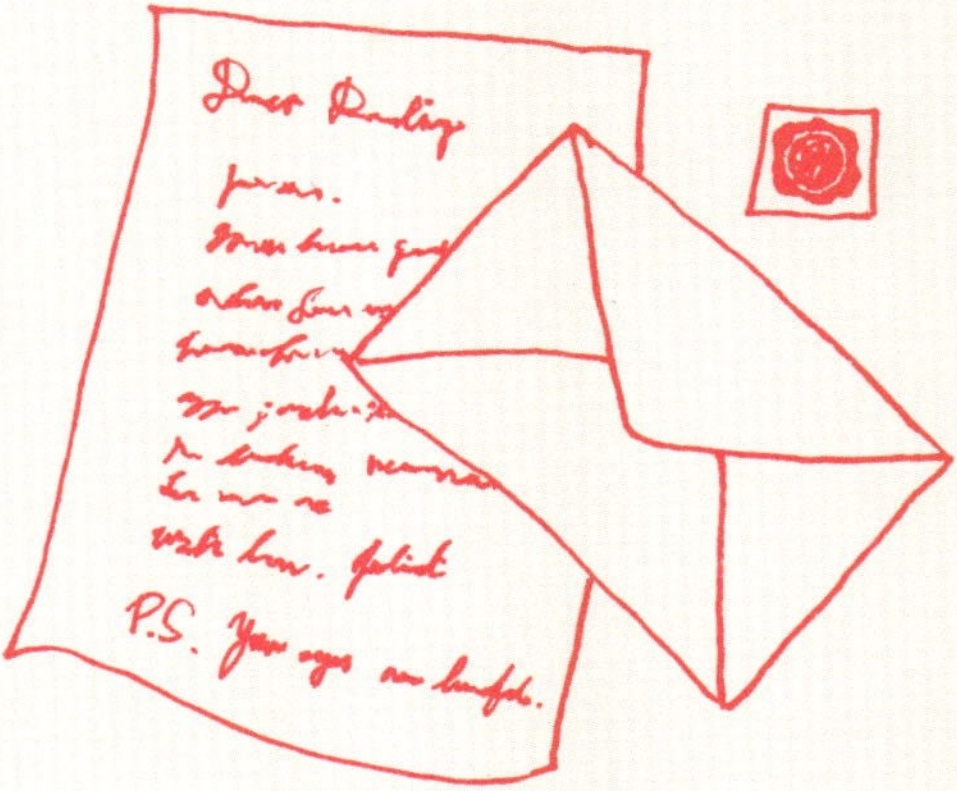

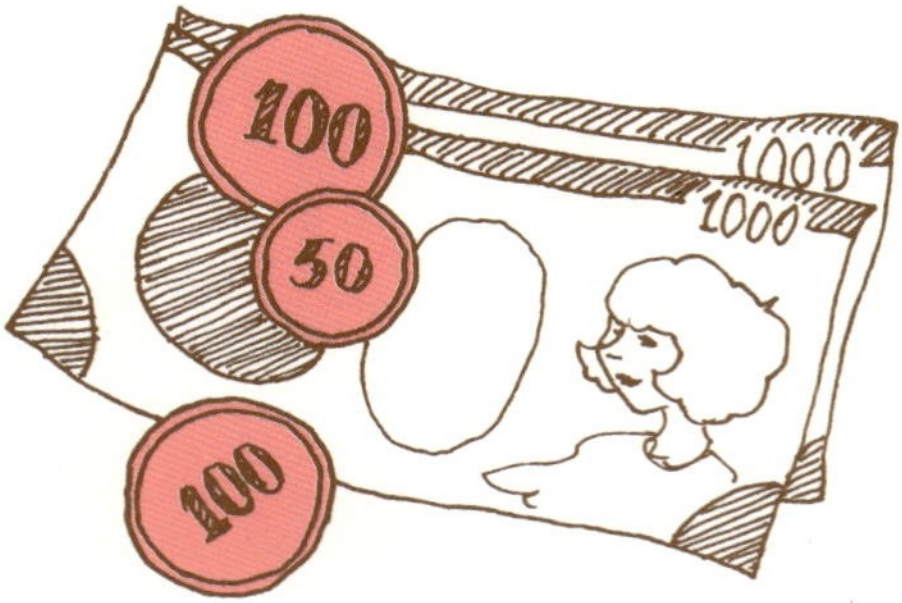

通貨（つうか）

真実の愛を除く、世の中のあらゆるものと引き換えられる紙幣および硬貨。

つ

月あかり（つきあかり）

時計の針を確認するには暗すぎるが、二人の愛を確かめあうには十分すぎる明かり。

つ

罪（つみ）

君が僕の心を盗んだこと。

つ

梅雨（つゆ）

空の失恋期間。

手編み（てあみ）

機械編みよりも非効率的だが、繊維とともに想いを編み込むことのできるあたたかい技法。

手紙（てがみ）

相手の返事を待ち侘びながら、数日間、長ければ数か月間にわたりときめきを抱き続けることのできる、メールよりもロマンスに特化した連絡手段。

溺愛（できあい）

君という海に溺れること。

哲学者（てつがくしゃ）

恋に疲れたときの詩人からの転職先。
↓詩人

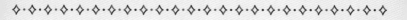

デッサン（dessin）

君を見つめるための大義名分。

て

道化師

（とうけし）

笑顔のために滑稽な行動を苦もなく行う人。たとえば君の前での僕のような。

と

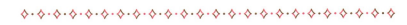

同窓会（とうそうかい）

ロマンスの
リバイバル上映会。

と

遠回り

（とおまわり）

好きな相手との
帰り道にだけ通るルート。

都会（とかい）

せわしなく景色がうつろう、映画のような世界。

⇅田舎

時の花（ときのはな）

その季節にふさわしい花。僕の人生にとっては常に隣で咲いている君のことを指す。

特等席（とくとうせき）

君と向かい合って座れる食卓の椅子。

図書館（としょかん）

先人たちの恋を覗き見られる、ロマンスの貸し出し施設。

途中（とちゅう）

今まさにゴールへと向かっている、もっとも情熱的な地点。

突然（とつぜん）

望む望まぬに関わらず
恋が訪れるタイミング。

途方に暮れる（とほうにくれる）

喧嘩した君が出ていった後の僕。

都都逸（どどいつ）

ほんの短い言葉の中で
恋を詠った定型詩。

友達以上恋人未満（ともだちいじょうこいびとみまん）

友情から愛情へかけての、変わりゆく感情の
風景。たとえば夏の午後六時の空のように。

浮気はなぜ悪いことなのか

浮気の一番の問題点は、傷つく人がいるということだ。同時に、他人を傷つけないためだけに自らの人生を蔑ろにすることも、健全とはいえない。人間である以上、やはり自分が一番大切なことには変わりないからだ。

問題なのは、パートナー以外の異性に恋をしてしまったときの、対応の方にある。まず、よそ見をしてしまうくらい、パートナーへの関心が薄れてしまったこと。仕方のない面もあれば、努力の足りなかった面もあるだろう。そうなったとき、二人の関係を修復するか、あるいは別れるという結末を迎えるのか、いずれにしても一度は結ばれた相手との話し合いを後回しにして、次の恋に気持ちが傾いてしまった点は褒められたものではない。

もしも心変わりをしてしまったら、一日でも早く今のパートナーにそれを告げること。素直に自らの非を認めることだ。それを怠って自分を庇い、責任から逃れた結果、ただ恋の甘さだけを手に入れようとした先に、「浮気」がある。恋をすることは誰にも止められないし、止める権利もない。だが、恋愛には常に相手が存在することを忘れずに行動できたら、失敗や苦い記憶も、ひとつの糧になるはずだ。

な

Na

ロマンスの辞典

The Romance Dictionary

ナイト（knigh）

（一）中世ヨーロッパの戦士。騎士ともいう。女性に尽くすことが美徳とされた。（二）君に対する僕の役割。

ナイトメア（nightmare）

悪夢。たとえば僕の前から君がいなくなってしまうような。

流れ星（ながれぼし）

人々の願いを背負った宇宙の旅人。

泣き顔（なきがお）

もっとも笑わせ甲斐のあるずぶ濡れの表情。

慰める（なぐさめる）

弱っている相手に対して誰もが
与えることのできる心の特効薬。

仲人（なこうど）

左右の手にそれぞれ別の
赤い糸の端を掴んでいる
運命の取り持ち役。

夏（なつ）

燃えるような情熱と美しい思い
出の波にさらわれる幻の季節。

↓秋

夏祭り（なつまつり）

至るところに恋の火種が眠っている
ロマンスの祭典。

な

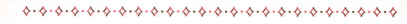

夏休み

（なつやすみ）

子供は大人になりたがり、
大人は子供に戻りたがる時
間旅行のハイシーズン。

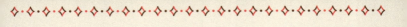

涙

（なみだ）

君にもっとも似合わない
アクセサリー。

な

なりゆき

いつのまにか始まっていた恋の呼び名。相手を幸せにさえできるなら、何も恥じることはない。

馴れ初め（なれそめ）

どんな恋愛にも存在している甘い秘めごと。

二回（にかい）

人生で経験する初恋の回数。一度目は幼少期の恋に、二度目は進行形の恋に対して数えられる。

二学期（にがっき）

君の日焼けの跡がどこか色っぽい秋の始まり。↓三学期

にきび

悩ましい君のチャームポイント。まるで肌の表面になる野いちごの実のような。

肉割れ（にくわれ）

俗に、妊娠線とも呼ぶ。妊娠を経験した女性の身体に残る忍耐と喜びの轍。肌に揺れる白いさざ波。

日記帳（にっきちょう）

毎晩そっと開く心の隠れ家の扉。

日常（にちじょう）

至るところにロマンスが潜む、かくれんぼの舞台。

虹（にじ）

絵具のいらない空の芸術。

日食（にっしょく）

太陽のまばたき。⇅月食

日本語（にほんご）

愛を表現するのにもっとも適した、回りくどく奥ゆかしい繊細な言語。

入道雲（にゅうどうぐも）

青空専用の羽根布団。

に

縫い糸（ぬいいと）

二人を離れられないように縫いつけたり、心の傷口の補修に使われたりする、優しさでできた繊維。

ぬ

ぬいぐるみ

淋しいとき、もっとも
近くにいる声なき友人。

ぬ

縫い目（ぬいめ）

君と僕のつなぎあった手。誰にもほどくことはできない。

温もり

（ぬくもり）

ちょうど、君の体温。

ぬ

ぬ

抜け殻（ぬけがら）

僕から君を引いた数式の答え。

抜け目がない（ぬけめがない）

女性のハンカチを拾うときに、すかさず連絡先を挟んでおくこと。

盗人（ぬすっと）

恋が始まるとき、必ず自分か相手のどちらかにつく肩書き。恋愛は心を盗むことから始まるため。

塗り薬（ぬりぐすり）

患部に直接塗布する薬。ただし心の痛みに直接塗り込める薬は、未だ開発されていない。

濡れ衣（ぬれぎぬ）

君を守るためなら、僕が代わりに着ることもあるつめたい衣服。

寝汗（ねあせ）

真夜中、夢の路地に降る通り雨。

値打ち（ねうち）

愛にだけはつけられない数値。

ネガティブ（negative）

誰よりも心配性で、誰よりも
過去を愛する人。

寝息（ねいき）

幸福な風のそよぎ。
やすらぎの笛。

寝落ち（ねおち）

恋人同士の長電話を打ち切る
夢の世界の送迎人。

ネクタイ

(necktie)

紳士のための首飾り。

ネクタイピン

(necktie pin)

ネクタイの恋人。

寝癖（ねぐせ）

いたずらな天使による
朝のヘアアレンジ。

ね

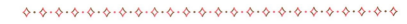

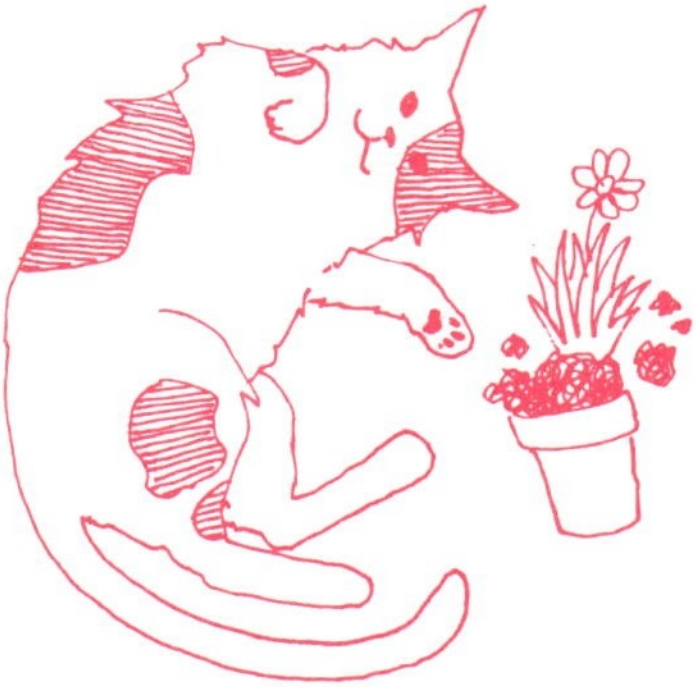

猫

（ねこ）

わがままな一面さえも愛おしく感じさせる、人類にとっての癒しの源泉。まるで僕にとっての君のような。

ね

寝支度（ねじたく）

パジャマに着替え、歯磨きをし、
君に愛してると囁くこと。

ネタバレ（spoile）

つまり、始めから好きだった。

寝溜め（ねだめ）

明日のデートに備えてのミッション。

熱視線（ねっしせん）

直射日光より熱く胸を焦がす、
恋する者の瞳のレーザー。

熱帯夜（ねったいや）

夜通し語り明かすのに最適な
寝付けない夏の晩。

熱鉄を飲む（ねってつをのむ）

大変つらく、悔しい思いをするたとえ。君に会えない夜のような。

熱伝導率（ねつでんどうりつ）

物質における熱の伝わりやすさ。好意を持った相手と手をつないだとき、その値はきわめて高くなる。

寝ても覚めても（ねてもさめても）

君のことを考えている時間。

眠り薬（ねむりぐすり）

愛する人の声と、柔らかい手のひらの感触。

眠れる森の美女

（ねむれるもりのびじょ）

日曜日の朝、僕が朝食を作っている
あいだの寝室の君。

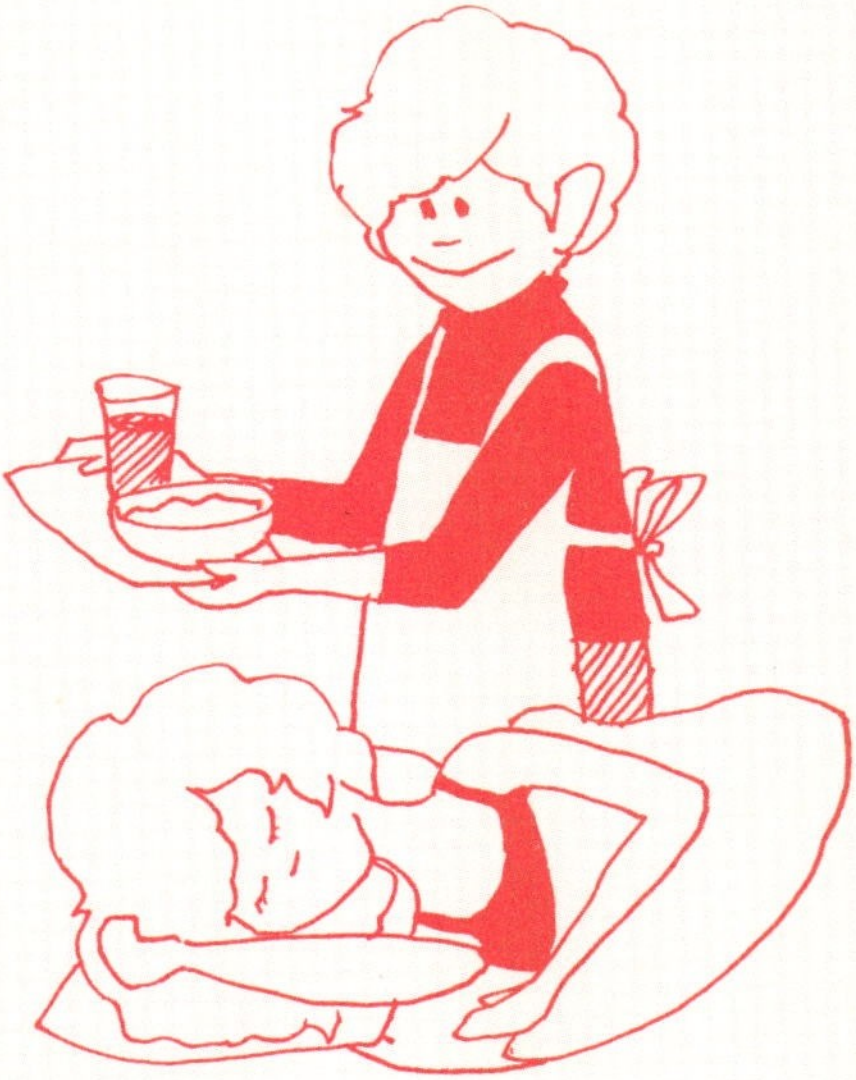

ね

年賀状（ねんがじょう）

今年最初の贈り物。

年月（ねんげつ）

二人の思い出を熟成する甘苦い香りの樽。

年齢（ねんれい）

年代物のワイン同様、重ねるほど深みを増す性質を持った、人類が共通して持つ数字。

ノープラン（no plan）

デートを新鮮なものに変える自由と刺激のスパイス。

ノーマーク（unmarked）

思いがけず恋に落ちた者が、その直前にしばしば相手に対してとっている行動。

ノスタルジア（nostalgia）

卒業アルバムの初恋の人の写真を見るたびに沸き起こる気持ち。

望み（のぞみ）

僕が叶えてあげるための君の想い。君に与えてもらうのは、笑顔だけで十分だから。

喉（のど）

君の名前を呼ぶために神様が用意してくれた首元の鈴。

暖簾（のれん）

週末の大人たちがくぐる夢と現実の世界にかかるゲート。

↓赤提灯

ノンストップ（nonstop）

出会ってから今日までの僕たちの恋。

本当の優しさとは何か？

好きな異性のタイプを聞かれたときに「優しい人」と答えるケースは多くある。優しさが嫌いな人なんて、そうそういないだろう。しかし、本当の優しさとは何だろうか？　案外その答えは単純ではない。

たとえば「優しい人」といえば寛大で決して声を荒らげることのない穏やかな人がイメージできる。平和主義で、自分のために尽くしてくれる、ある意味「甘い人」である。だが、相手を甘やかすことは、時に優しさとは正反対の行動となることもある。そのために、相手の成長する機会を奪ってしまうことがあるからだ。逆に、表面上は厳しくても、結果的に幸福を招くことができたなら、それは優しさと呼べるのではないだろうか。

つまり、優しさとは行動を表すものではないということだ。優しさとは、何が相手の幸せにつながるかを考え、相手のことを想った選択をすること。その答えは時と場合によって変わってくる。残念ながら、私たちは互いの心を読み取る力を持ち合わせていない。ただし、私たちには「言葉」がある。相手の気持ちが分からないとき、一方的な優しさに走るよりも、何を求めているかを直接聞いてみるといい。その一歩も、優しさだ。

は

Ha

ロマンスの辞典

The Romance Dictionary

バー
（ bar ）

ジャズとロマンスに彩られた大人の秘密基地。

バーテンダー
（bartender）

お酒と心地よい沈黙を作る空間設計士。

パーマネント（permanent）

気まぐれな君の髪が踊るダンス。

ハイヒール（high heels）

アスファルトをたたくことで、女性の足音を心地よい音色に替える打楽器。

墓（はか）

愛し抜いた者同士が共に眠る永久保証のベッド。

博愛主義者（はくあいしゅぎしゃ）

愛の海を泳ぎ続ける回遊魚。酸素の代わりに、他人の笑顔を必要とする。

白痴（はくち）

（一）恋を知らなかった頃の僕。
（二）君と出会ってしまった後の僕。君以外のことを考えられなくなってしまったから。

白昼夢（はくちゅうむ）

真昼に目を覚ましたまま見る夢のような映像。恋をした相手と過ごす時間の精神状態。

恥じらい（はじらい）

意中の相手を前にしたとき、声をつまらせたり、頬を赤く染めたりする、人間の身体に棲みついたいたずらな妖精。

初恋

（はつこい）

人生という書物において、誰もが栞を挟んだままのページ。

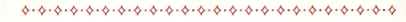

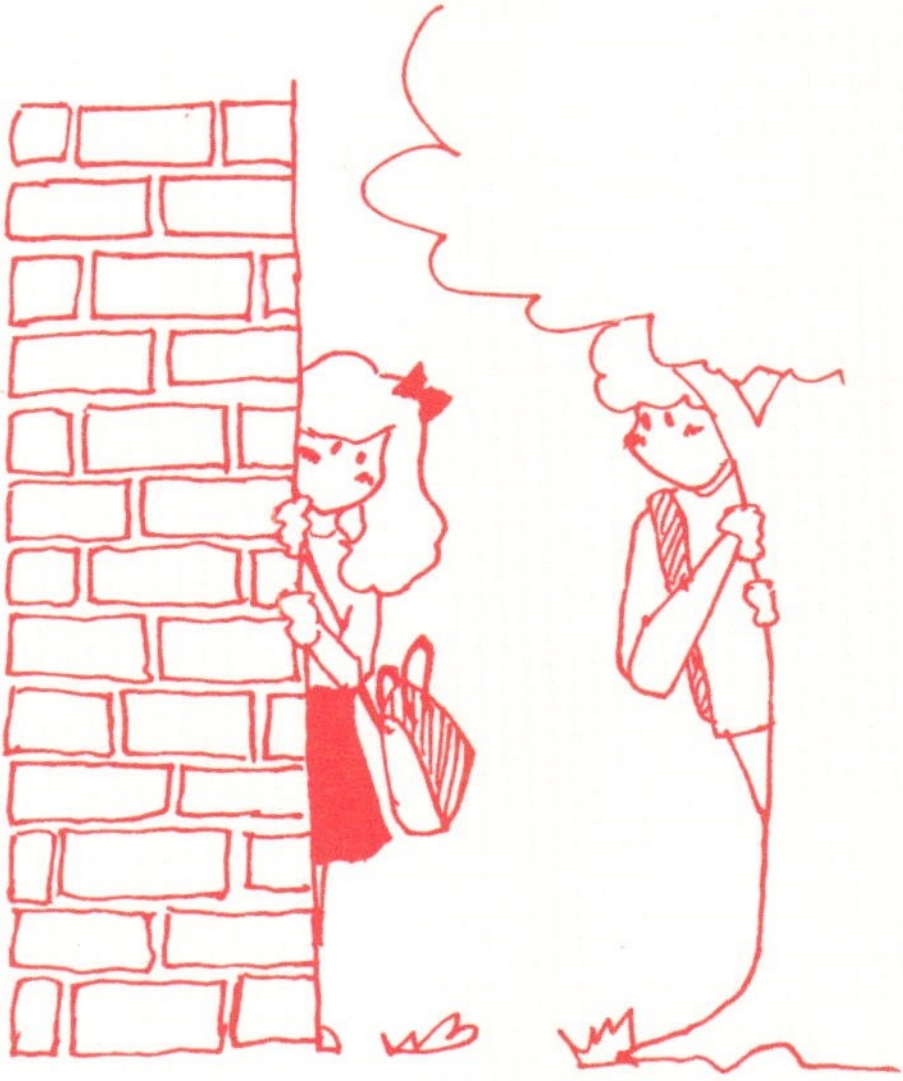

は

ハッシュタグ
（hashtag）

インターネットの海において、同じ方角へ進む者同士が揃って掲げる格子模様の旗。

パッシング
（passing）

自動車のウインク。

初デート
（はつでーと）

恋のイントロダクション。

ハッピーエンド
（happy end）

愛が勝つという、ありきたりながらも心地のよい結末のこと。

花束
（はなたば）

特別な日に買い求める、街角に売られている愛の証明書。

花火大会（はなびたいかい）

色とりどりに輝く恋人の瞳を間近で見られるイベント。

パフォーマンス（performance）

君の前でキザな男を演じる僕の行動。

歯みがき（はみがき）

キスと歯医者の予定がある日は念入りに行われる三分間の儀式。

早起き（はやおき）

星との逢引き。

春（はる）

出会いと別れが繰り返される涙の季節。

↓夏

パレット

（palette）

キャンバスという大空
へ飛び立とうとする、
絵具の滑走路。

は

ハンカチ

(handkerchief)

女性の涙を拭くために、毎日ポケットに忍ばせている柔らかい布。

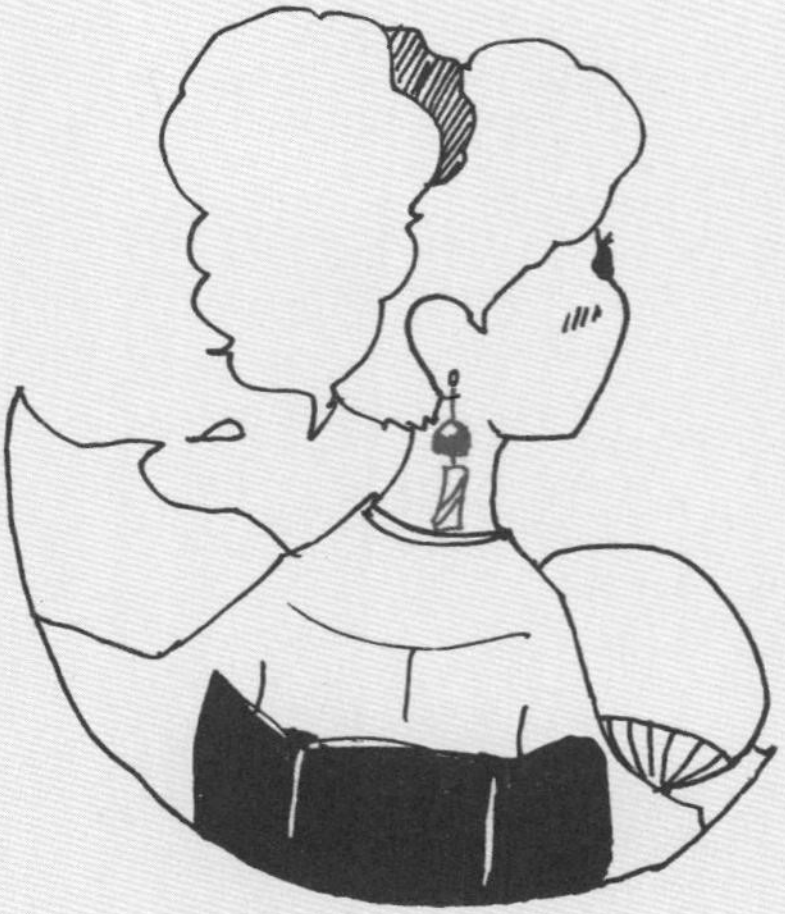

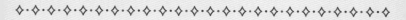

ピアス

(pierce)

振り向くたびに揺れる
耳元の風鈴。

ビール（beer）

夏の夕暮れを溶かしたような、こがね色の飲み物。

ひぐらし

夏から秋へ向かう季節列車の発車ベル。

久しぶり（ひさしぶり）

いつかもう一度どこかの街で出会ったときの第一声。

膝枕（ひざまくら）

どんな寝具メーカーも未だたどり着けない最高級幸福仕様の安眠道具。

避暑地（ひしょち）

都会の大人のかくれんぼに最適な場所。

引っ越し（ひっこし）

またひとつ故郷が増える旅。

人違い（ひとちがい）

未練が見せる街角の蜃気楼。

一目惚れ（ひとめぼれ）

心より先に瞳が恋をした色模様。

雛祭り（ひなまつり）

日本伝統のレディースデー。

秘密（ひみつ）

ここには書けないこと。二人きりのときにそっと打ち明けるつもり。

日焼け

（ひやけ）

太陽のキスマーク。

ひ

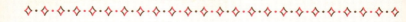

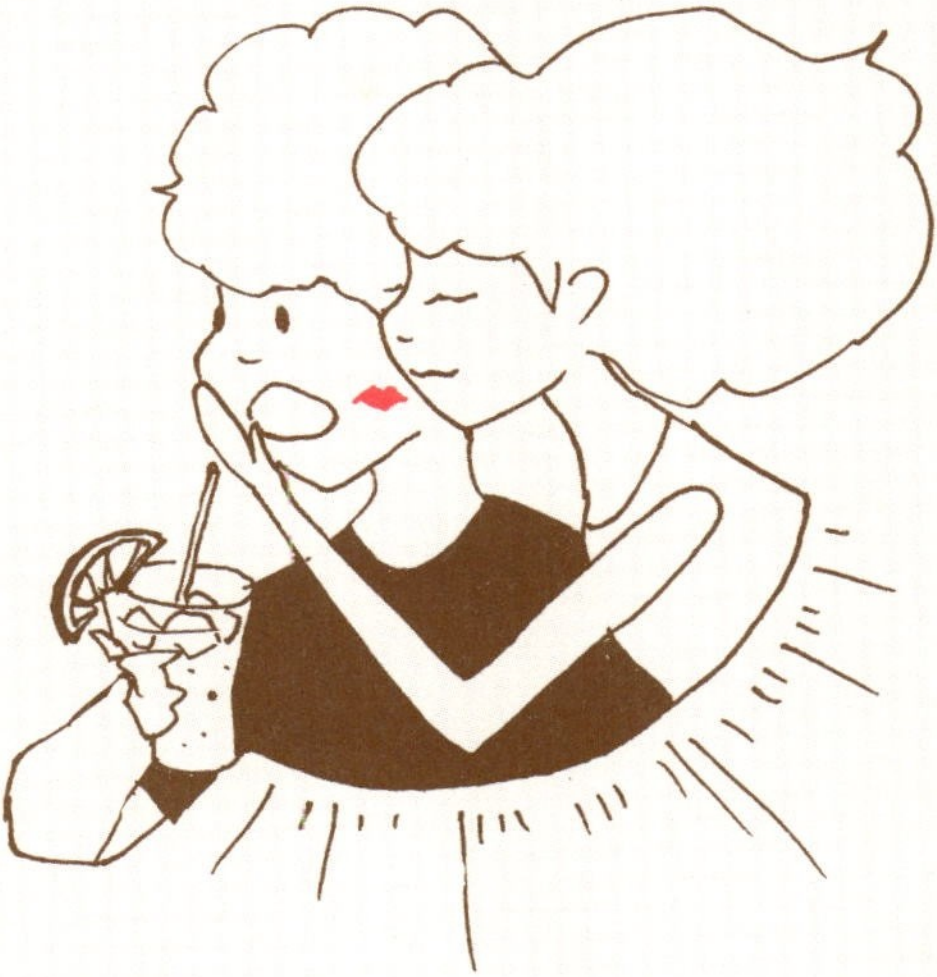

ひ

ふ

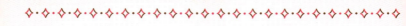

ファッションショー

(fashion show)

初デートの前日に、鏡の前で
長時間にわたり行われる行事。

フィアンセ

（ fiancee ）

恋人から夫婦へと登る
階段の途中にある、胸
はずむ小さな踊り場。

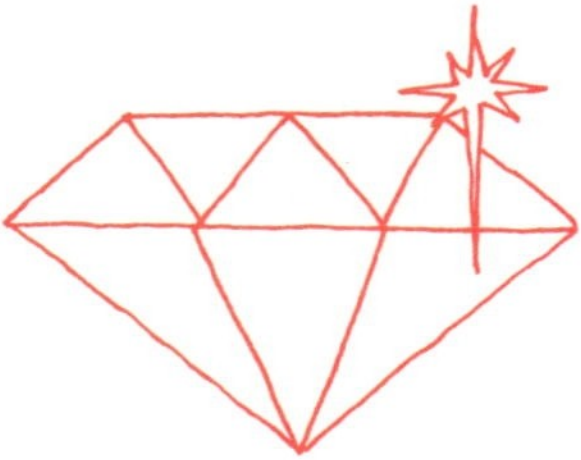

風鈴（ふうりん）

風の恋人。

不運（ふうん）

幸運の前ぶれ。

フォークダンス（folk dance）

指先がふれあう、恋のオープニングアクト。

不完全燃焼（ふかんぜんねんしょう）

渡せなかった恋文を燃やす見えない炎。

伏線（ふくせん）

あの時からすでに好きだった。

不満（ふまん）

どんなに仲のよい恋人同士でも、次第に湧き出てくる心の雨漏り。尊敬と思いやりを用いた補修が必要。

冬（ふゆ）

にぎやかさと静けさがみぞれのように混ざり合った情緒の季節。

↓春

プライバシー（privacy）

君と僕だけが出入りする心の小部屋。

プラットホーム（platform）

人波が吸い込まれては吐き出される、社会の海の波打ち際。

不倫（ふりん）

信頼というガラスの破片が散らばった、ゴールのない迷路。↓浮気

故郷（ふるさと）

初恋の君との思い出が眠る場所。

プロポーズ

(propose)

世界中の愛情表現を
集めても足りない瞬間。

ふ

ふ

文豪（ぶんごう）

日本語を駆使して想いを表現するのに長けた、ロマンチストの先駆者。

ペア（pair）

ハートとクローバー。太陽と月。君と僕。

ペーパーナプキン（paper napkin）

ウェイトレスのポケットに連絡先を忍ばせるための柔らかな名刺。

変化（へんか）

女性が仕込み、男性が気づくことで人間関係が円滑になる、日常に隠されたささやかなトリック。

偏見（へんけん）

君があまりに素敵だから、何でも好意的にとらえてしまう僕の思考。

弁当（べんとう）

離れていても自分のことを思い出してもらうために、早起きしてつめる愛情のタイムカプセル。

へ

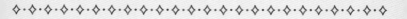

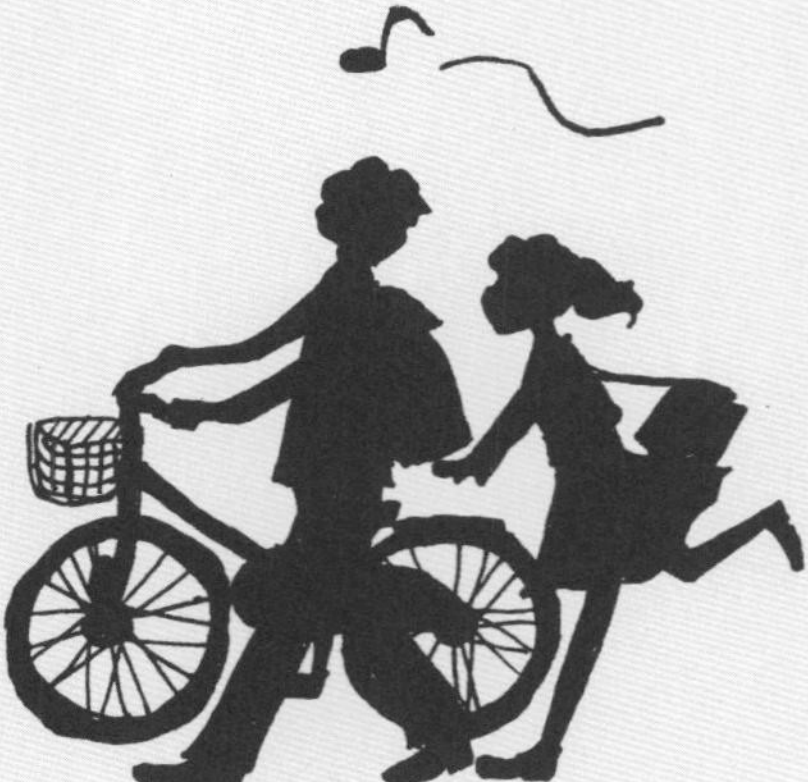

ほ

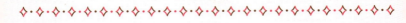

放課後のチャイム

（ほうかごのちゃいむ）

自由を告げる夕暮れの鈴。

方言（ほうげん）

初恋の君を思い出す魔法のイントネーション。

奉仕精神（ほうしせいしん）

愛を育んでゆく上で必要な、気高く貴い信念。

法則（ほうそく）

何度生まれ変わっても、僕たちは必ず結ばれるという定め。

方程式（ほうていしき）

愛情と信頼を変数として、一生涯かけて真実の愛を証明する問。

法律（ほうりつ）

世の中を縛る鎖。ただし人の心だけは縛れない。

星（ほし）

美しい恋人たちの視線が、夜空に開けた無数のピンホール。

暴力（ぼうりょく）

愛という言葉からもっとも遠い行為。ただし君を守るために必要とすることもある。

星屑（ほしくず）

この世でもっとも美しいごみ。

蛍（ほたる）

夏の川辺で見られる夜の森のネオンサイン。

ほ

ホットココア

(hot cocoa)

胸の奥をあたためてくれるカップの中の暖炉。

ほ

人生初の試練「初デート」について

初デートのことを覚えているだろうか。恥ずかしいような失敗の記憶にまみれていたり、懐かしい甘酸っぱさに思わず目を伏せてしまいたくなったり……。もちろん、これから初デートを控えている少年少女もいるだろう。ひとつだけ言いたいのは、初デートに成功なんて必要ないということ。もちろん、失敗を薦めているわけでもなければ、上手くいったデートを否定しているわけでもない。ただ、初デートというものは、ひとつの試練として、乗り越えてさえしまえばそれで十分だということだ。

人は年齢や経験を重ねるごとに、恋が上手くなる。それは喜ばしいことでもあり、少し寂しいことでもある。なぜなら大人になってどんなに華やかなデートをしたとしても、初デート特有の、ときめきだか動揺だか分からないほどいっぱいいっぱいの胸の高鳴りは、きっと薄れてしまうから。

だから初デートでは、誰もが懐かしむスタート地点として、精一杯愚かに振る舞えばいい。笑える記憶ほど、頻繁に取り出して眺め回したくなるものだから。そうしてできれば周りの友人と、お互いに打ち明ければいい。それが青春時代の自分に対する、何よりのはなむけだ。

ロマンスの辞典

The Romance Dictionary

曲り角

（まがりかど）

君とぶつかった
思い出の交差点。
↓食パン

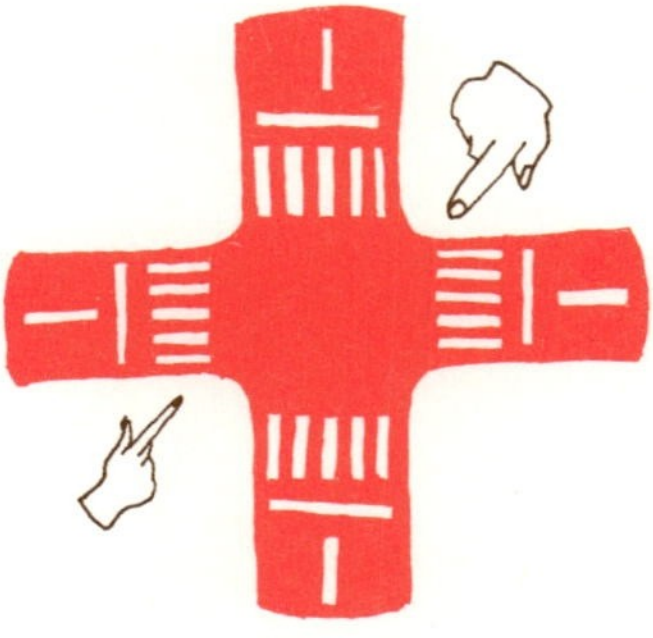

枕

（まくら）

恋に破れた夜に
濡れる相棒。

マシになる

（ましになる）

くだらない男が恋をすることで起こる変化。

マッチ

(match)

指先で灯すシャンデリア。

ま

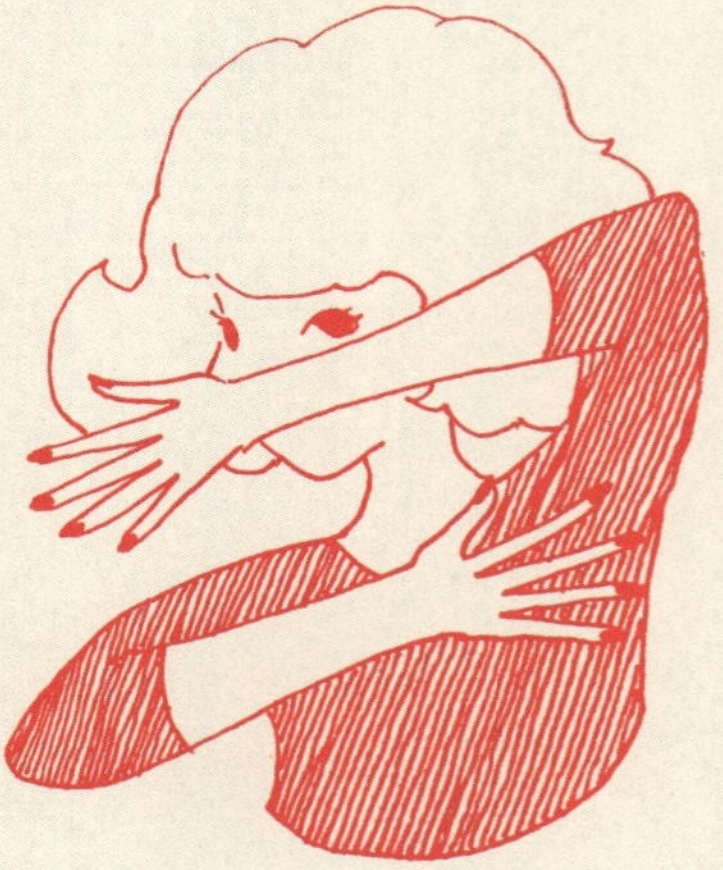

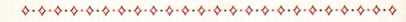

マニキュア
（manicure）

女性の指をスクリーンにした名画座。

ま

瞼

（まぶた）

もっとも近い君の居場所。

ま

ま

魔法（まほう）

出会った日、君が僕にかけた永遠に解けない胸の高鳴り。

幻（まぼろし）

実際には存在しない非現実なもの。恋や愛、ロマンスの存在など幻だと言われることもあるが、一度それを経験してしまえば、そんな思い込みこそが幻だったと気づくだろう。

守る（まもる）

君と出会ってから僕に課せられた使命。

迷い（まよい）

人生の分かれ道で必ず生じる感情。ただし君を愛することに関して、迷いはなかった。

マリッジブルー（marriage blue）

恋という木になる愛という果実が、熟す直前の青い頃。

見合い結婚（みあいけっこん）

恋による胸の高鳴りではなく、愛による穏やかなせせらぎに耳を傾けたロマンスのテープカット。

見栄（みえ）

ついつい羽織ってしまう少しサイズの大きい上着。心を許し合える相手と出会えたとき、不必要になる。

短夜（みじかよ）

（一）夜明けの早い夏の夜。
（二）君と二人きりで過ごす夜。
⇅長夜

み

湖

（みずうみ）

神様が森の中に落として
いった大きな鏡。

水たまり

（みずたまり）

雨の足跡。道ばたの小さな海。

み

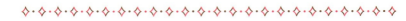

ミステリアス

（ mysterious ）

秘密というアクセサリーの輝き。

み

未亡人

（みぼうじん）

思い出の中に愛を忘れてきた女性。

み

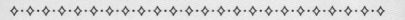

耳（みみ）

恥をかいたときと恋をしたときに
赤くなる頭部側面にある聴覚器官。

耳打ち（みみうち）

二人きりの密やかなコールサイン。

未来（みらい）

僕たちの歩いてゆく道。

未練（みれん）

破れた恋の副作用。

無意識（むいしき）

好きな人を目で追っている瞬間。

無一文（むいちもん）

失えるものが残りは愛だけしかなくなってしまった状態。

昔話（むかしばなし）

ときどき大人が取り出して楽しむ、時の流れに磨かれて輝くブリキのおもちゃ箱の中身。

向かい風（むかいかぜ）

恋を燃え上がらせるために吹く未来からの便り。

無関係（むかんけい）

恋をするまでの二人。恋をした後の君以外のすべて。

麦藁帽子

（むぎわらぼうし）

風の強い夏の日に発行される、拾った者が落とし主に声を掛けられるチケット。

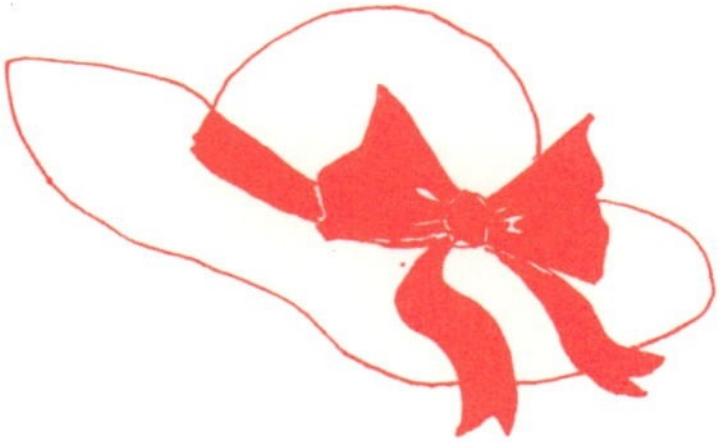

む

無口

（むくち）

誰よりも心に情熱を
秘めている人。

む

無形文化財（むけいぶんかざい）

（一）芸能や工芸技術など、無形の文化的所産。歴史上、芸術上価値の高いもの。
（二）人を想う気持ち。恋という概念。

無罪（むざい）

ちゃんと別れの言葉を告げて恋を終わらせた者。

無個性（むこせい）

恋とは無縁の言葉。すべての恋が千差万別であることから。

無彩色（むさいしょく）

君に出会うまでの僕の心。

無重力（むじゅうりょく）

初めてのキスの瞬間に訪れる幸福な感覚。

虫除けスプレー（むしよけすぷれー）

君の美しい肌を害虫から守るために振りかける、夏特有の香水。

無敵（むてき）

恋をしているすべての者。

胸騒ぎ（むなさわぎ）

君の帰りが遅い夜、僕の心に吹く疾風。

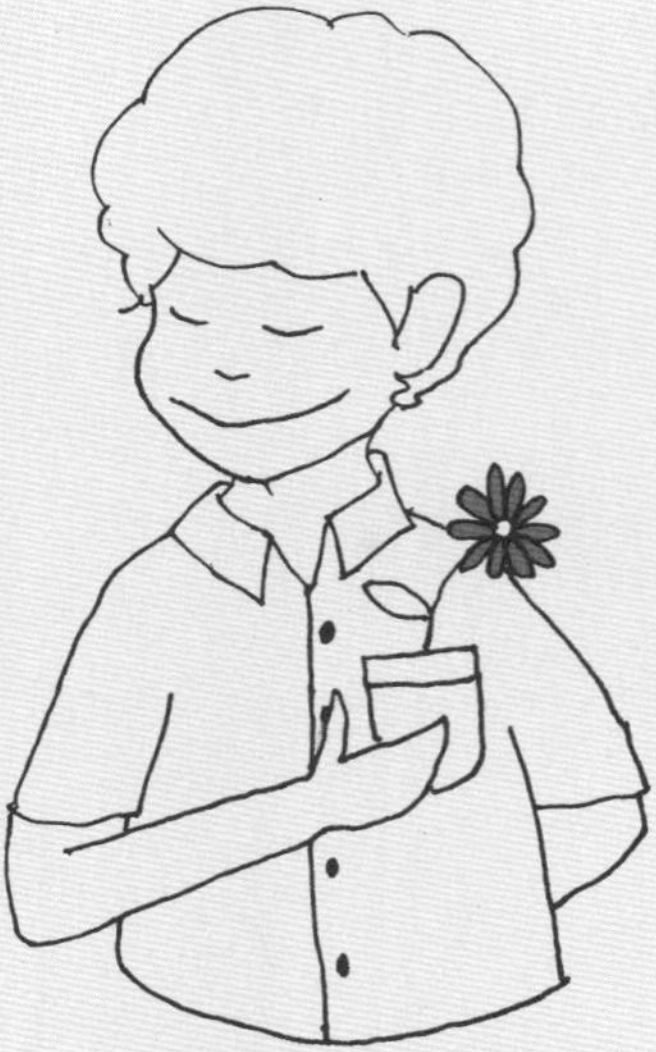

む

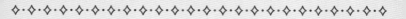

胸ポケット

（むねぽけっと）

君へ贈る一輪の花を挿しておくのにちょうどよい服の切れ込み。

無謀（むぼう）

深い考えを持たずに動くこととされるが、恋愛においては挑戦というチケットの永久使用権を持った勇者の行動を指す。

夢遊病者（むゆうびょうしゃ）

真夜中に幕を開ける夢の舞台のバレエダンサー。

目（め）

眠るときと、キスをするときに隠れる二つの光。

名案（めいあん）

そうだ、結婚しよう。

名文（めいぶん）

この世にあるラブレターに刻まれたすべての文章。

命名（めいめい）

これから何万回と口にする言葉を決める瞬間。

名誉（めいよ）

君のためなら簡単に捨てられる他者からの価値。

眼鏡（めがね）

君の顔をしっかりと見るために着ける二枚の水晶体。

目くばせ（めくばせ）

言葉にせずに想いを知らせる甘いシグナル。

メビウスの輪
（めびうすのわ）

細長い帯をねじってその両端を貼り合わせたとき、表裏の区別ができなくなる図形。恋愛における真実と偽り、愛情と憎悪などがこれにあたる。

め

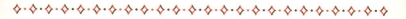

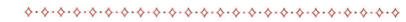

メモ帳

（めもちょう）

会議中にこっそりと君の名前を書き記す恋文の練習帳。

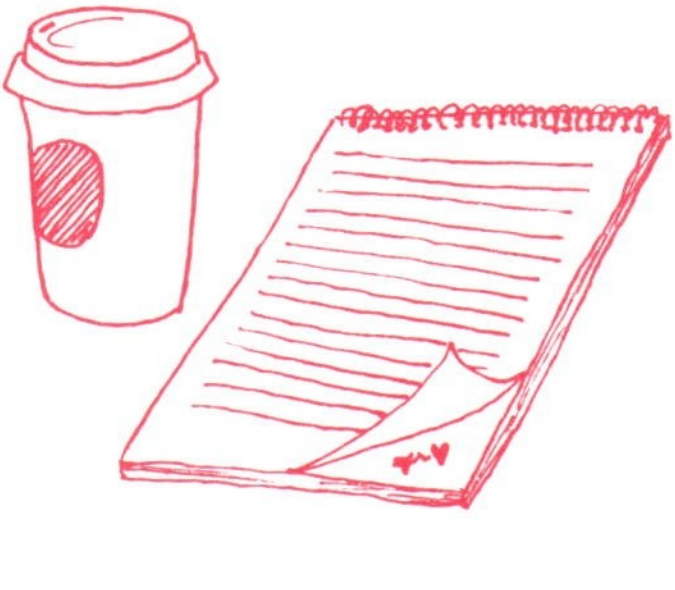

め

目盛（めもり）

君への想いの強さを測るには意味をなさない飾り。とっくに針が振り切れているから。

面識（めんしき）

なければこれから出会えばいい。

妄想（もうそう）

恋する人の脳内に建設される巨大桃色遊園地。

盲目（もうもく）

恋に伴う症状。何も見えなくなるというより、相手だけしか見たくなくなるというのが正しい。

モーニングコール
(morning cal)

愛という音色を奏でる目覚まし時計。

目算
（もくさん）

サプライズのプレゼントを選ぶときに必要な、相手の好みを見定める能力。

木犀
（もくせい）

秋の道端で匂い立つ天然のオーデコロン。

元恋人
（もとこいびと）

かつて灯した恋の炎の燃えかす。

物書き

（ものかき）

一枚の紙と一本のペン、心に燃える情熱さえあればなれる職業。

も

門限（もんげん）

現代女性のためのシンデレラの名残り。

↓タクシー

「結婚は人生の墓場」の真実

「結婚は人生の墓場」。もはや使い古された表現である。それくらい、多くの既婚者は口を揃えて不満を漏らす。もちろん、中には切実な悩みや、納得できるデメリットも存在する。確かに結婚が純粋な幸福だけで成り立っていないのは事実。しかし、そこに不幸しか存在しないはずがないことも、自明の理である。そもそも幸せを大っぴらにアピールするよりも、不幸話を冗談めかして語る方が容易いからだ。

結婚した夫婦がすべて同じ道を歩み、同じ感情を抱くわけではない。夫婦の数だけ結婚の形があり、幸せの可能性もある。ひとつだけ言えるのは、結婚が墓場かどうかは、一概には決めつけられないということ。身も蓋もない結論ではあるが……。

もしもその答えを自分なりに解き明かしてみたいと思うなら、やはり一度結婚してみるのが早いだろう。独身に「自由」や「幸福」という結論が出たのなら、それを謳歌するのもまた人生。しかし、今のところ「寂しい」という結論しか導き出せそうにないのなら、結婚してみるのも悪くはない。少なくとも現代には、「離婚」という手段が許されているのだから。恋も、人生も、生きてさえいれば何度だってやり直せる。

ロマンスの辞典

The Romance Dictionary

や

夜雨（やう）

街灯りを映して足元を艶めかせる路面の水化粧。

やきもち

嫉妬の炎で調理される料理。原料は愛情。

優しさ（やさしさ）

もっとも即効性のある惚れ薬。

山手線（やまのてせん）

都会の大人を乗せたメリーゴーランド。

遺言状（ゆいごんじょう）

人生最後のラブレター。

USBメモリー（ゆーえすびーめもりー）

仕事のデータを持ち運ぶには十分だが、君との思い出を記録するには小さすぎるポケットサイズの頭脳。

勇気（ゆうき）

友達から恋人へ向かう途中の改札に必要な切符。

夕煙（ゆうけむり）

夕食の支度のために立ちのぼる煙。すなわちもっとも幸福な匂いのする路上の雲。

優柔不断（ゆうじゅうふだん）

優しさという荷物を積みすぎた列車の運転手。

優先席（ゆうせんせき）

真心という柔らかい素材でできたシート。この付近ではしばしば優しさを落としてゆく者がいる。

夕立（ゆうだち）

放課後、少しでも長く君を引き止めてくれる空の気づかい。

夕日（ゆうひ）

二つの影を東に伸ばす照明。

↓朝日

ゆ

郵便受け（ゆうびんうけ）

初めての朝に部屋の鍵を入れる愛の小さな箱。

ゆ

幽霊

（ゆうれい）

恋と同様、見えも触れもしないのに、多くの人が信じ続けている世の神秘。

ゆ

誘惑（ゆうわく）

いつもより赤い口紅を引き、バーカウンターの隅でそっと微笑む真夜中の無言劇。

浴衣

（ゆかた）

夏祭りの日、君を何倍も美しく見せる一夜かぎりのドレス。

ゆ

夢（ゆめ）

幼き日は抱くもの。大人にとっては追いかけるもの。恋をしている最中は、相手に対してどれくらいノイローゼになっているかを睡眠中に知らせてくれるバロメーター。

用件（ようけん）

好きな人に話しかけるために考え出す口実。

幼少期（ようしょうき）

青春の待合室。

幼稚（ようち）

つまりは純粋で清らかな心を持つ人。

曜日（ようび）

時の流れに与えられた
七つの美しい名前。

予感（よかん）

もしかしたら今、君も僕のことを
考えているかもしれないような。

欲（よく）

恋の火を灯すために幾らかは持ち
合わせておいた方がよい心の燃料。

よくばり

君のすべてをひとり占めしたい
という至極真っ当な気持ち。

横顔《よこがお》

恋をしたとき、
心より先に盗むもの。

よ

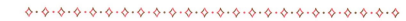

四畳半のアパート
（よじょうはんのあぱーと）

夢と希望つきの青春建築。

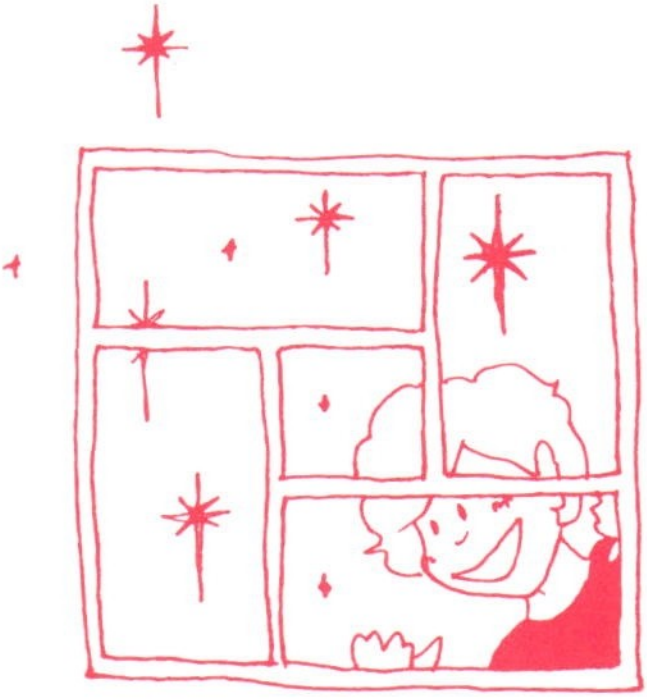

よ

酔っぱらい（よっぱらい）

夢の世界へ向かう夜行列車に乗った、夜の旅人。

夜露（よつゆ）

夜の落とし物。植物の涙。

余熱（よねつ）

君を見送った後に残る胸のほてり。

予防接種（よぼうせっしゅ）

感染症を予防するために行う、注射器による軽いキス。

嫁入り道具（よめいりどうぐ）

優しさと真心、その他一式。

寄りかかる（よりかかる）

夜更けまでソファーで並んで映画を観ているときの、君のやすらぎ。

よりを戻す（よりをもどす）

運命を二度経験した男女。

夜（よる）

一日が終わる頃、街にかかる黒い毛布。

↓朝

弱み（よわみ）

心を許した相手だけに見せる、もっとも可愛げのあるチャームポイント。

来世（らいせ）

やっぱり君を好きになる場所。

楽園

（らくえん）

家庭の別名。

ら

落陽《らくよう》

昼から夜への結納品。

ら

ラジオ

（ radio ）

つめたい静寂を紛らわせてくれる小さな語り部。

ら

ラジオ体操（らじおたいそう）

パジャマ姿の君に会える夏休みの朝の舞踏会。

ラストオーダー（last order）

君を引きとめるまでのタイムリミットを告げる合図。

ラストシーン（last scene）

僕たちの恋には永遠に訪れない場面。

ラブレター（love lette）

もらうときは嬉しいが、渡すときはおそろしい手紙。

ラムネ（Ramune）

渚を一本の瓶につめた夏の飲み物。

ランジェリー（lingerie）

女性の纏う華やかな鎧。

リクルートスーツ（recruit suit）

青春の最終列車で着用される、生涯最後の学生服。

リアリスト（rear list）

ロマンチストでない人々。彼らがいなければロマンチストという概念は存在しえなかった。

⇅ロマンチスト

離婚（りこん）

結婚というチケットの払い戻し。

↓再婚

流行《りゅうこう》

常に追いかけられる存在。美しい女性と同じように。

両想い

（りょうおもい）

恋の昼下がり。

⇅片想い

り

料理（りょうり）

幸福を共有するために広く用いられる舞台装置。

り

類義語（るいぎご）

恋と愛、思うと慕う、綺麗と美しいなど、似た意味を持つ言葉。つまり、君を口説く言葉なんて限りないということ。

ルール（rule）

夫婦や恋人同士の感情という荷物を積んだ不安定な汽車が転倒しないよう、あらかじめ敷いておいた方がよい線路。

ルーチンワーク（routine work）

朝、靴を履いて、ドアを開ける前に、一度だけキスをすること。

歴史（れきし）

無数の愛によって紡がれてきた数百万年物の織物。

歴史的仮名遣い（れきしてきかなづかい）

想ふたびこひしくなる。逢へないとさびしくなる。逢へばより愛しくなる。たとへば、こんな感じでどうでせう。

れ

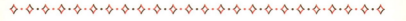

レディーファースト

(lady First)

すべての男性に与えられた、優しさの口実。

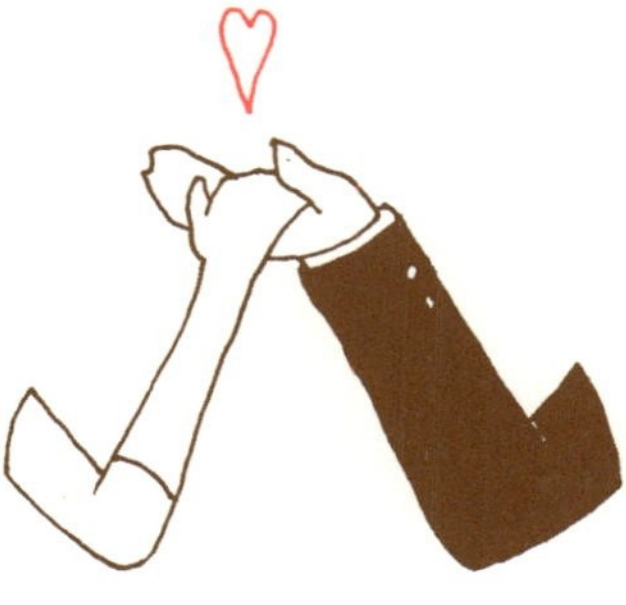

れ

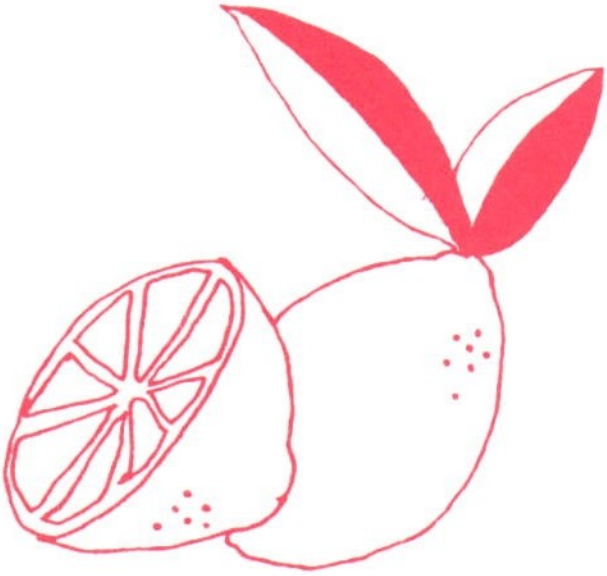

檸檬（れもん）

初恋にもっとも近い
味のする果物。

老後

(ろうご)

僕たちの耳が聞こえづらくなる代わりに、寄り添って囁きあうことが当たり前になった幸福な夕暮れ。

蝋燭

(ろうそく)

かつては灯りとして使われたが、現代ではこの世に生まれた日に喜びと感謝を込めて吹き消される小さなともしび。

濾過

(ろか)

(一)液体を漉して、不要なものを取り除くこと。
(二)君への純粋な想いに対しては、きわめて不必要な操作。

ロマンス

(romance)

本辞典を一ページ目から読み返してもらえれば、その意味は語るに及ばない。

ロマンチスト

(romanticist)

本辞典を熱心に読み込んだ読者の諸君。あるいはすでに本辞典を必要としない人々。⇅リアリスト

ワイシャツ

(white shirt)

抱きしめた女性のファンデーションが付着する夜のスタンプ帳。

ワイン

（wine）

（一）喩えるなら、口紅を溶かした飲み物。
（二）月の光が溶け込んだ、葡萄の涙。

わ

若さ（わかさ）

その早さに気づかないほどあまりにあっけなく、美しすぎる期間。

別れ（わかれ）

出会いの前の福音。

わがまま

愛の前では許される、不器用な甘え方。たとえば猫のいたずらのように。

忘れ物（わすれもの）

ときどき意中の相手の家にわざと残しておく約束手形。

ワンポイント（one point）

重要な一点。たとえば人生における恋のような。

わ

あ

【愛】（あい）……009
【合鍵】（あいかぎ）……010
【愛の告白】（あいのこくはく）……011
【青あざ】（あおあざ）……012
【赤提灯】（あかちょうちん）……012
【赤の他人】（あかのたにん）……012
【秋】（あき）……012
【握手】（あくしゅ）……012
【憧れ】（あこがれ）……013
【朝】（あさ）……013
【朝日】（あさひ）……013
【アディショナルタイム】（additional time）……013
【雨音】（あまおと）……014
【雨やどり】（あまやどり）……014
【雨】（あめ）……014
【安心感】（あんしんかん）……017

い

【いいえ】……018
【許婚】（いいなずけ）……018
【漁り火】（いさりび）……018
【遺失物】（いしつぶつ）……018
【医者】（いしゃ）……019
【一学期】（いちがっき）……019
【一日千秋】（いちじつせんしゅう）……019
【一途】（いちず）……019
【一年】（いちねん）……020
【田舎】（いなか）……022
【イヤホン】（earphone）……023
【色男】（いろおとこ）……024
【引力】（いんりょく）……025

う

【ウイスキー】（whisky）……025
【ウインク】（wink）……025
【ウェディングドレス】（wedding dress）……025
【嘘】（うそ）……025
【腕時計】（うでどけい）……027
【海】（うみ）……028
【浮気】（うわき）……029

え

【映画館】（えいがかん）……030
【遠距離恋愛】（えんきょりれんあい）……032

お

【オーロラ】（aurora）……034
【幼馴染み】（おさななじみ）……034
【お辞儀】（おじぎ）……034
【大人】（おとな）……034
【思い過ごし】（おもいすごし）……034
【思い出】（おもいで）……035
【面影】（おもかげ）……035
【思わせぶり】（おもわせぶり）……035
【親】（おや）……035
【親指】（おやゆび）……035

か

【カーステレオ】（car stereo）……038
【カーテン】（curtain）……038
【海岸】（かいがん）……038
【会社】（かいしゃ）……038
【街灯】（がいとう）……039
【かかと】……039
【鍵穴】（かぎあな）……039
【カクテルグラス】（cocktail glass）……039
【革命】（かくめい）……041
【確率】（かくりつ）……042
【傘】（かさ）……045
【風】（かぜ）……046
【片想い】（かたおもい）……046
【かつおぶし】……046
【学校】（がっこう）……046

【カメラ】（camera）……046
【カラオケ】（karaoke）……047
【枯葉】（かれは）……047
【可愛い】（かわいい）……047
【考える】（かんがえる）……047
【間接キス】（かんせつきす）……047
【乾杯】（かんぱい）……048
【看病】（かんびょう）……049

き

【記憶】（きおく）……050
【聞き飽きた】（ききあきた）……050
【キスマーク】（kiss mark）……050
【喫煙者】（きつえんしゃ）……050
【きっかけ】……050
【喫茶店】（きっさてん）……051
【切っても切れない】（きってもきれない）……052
【汽笛】（きてき）……052
【義務】（ぎむ）……052
【逆算】（ぎゃくさん）……052
【旧友】（きゅうゆう）……052
【器用】（きよう）……053
【教科書】（きょうかしょ）……053
【教師】（きょうし）……053
【嫌い】（きらい）……053
【霧】（きり）……053
【銀河】（ぎんが）……054
【近視】（きんし）……056
【禁断症状】（きんだんしょうじょう）……056
【緊張】（きんちょう）……056
【金曜日】（きんようび）……056

く

【空席】（くうせき）……056
【偶然】（ぐうぜん）……057
【空想】（くうそう）……057
【釘付け】（くぎづけ）……057
【愚痴】（ぐち）……057
【口笛】（くちぶえ）……057
【口紅】（くちべに）……059
【口説き文句】（くどきもんく）……060
【曇りのち晴れ】（くもりのちはれ）……060
【クリスマス】（Christmas）……060

け

【契約書】（けいやくしょ）……060
【化粧落とし】（けしょうおとし）……060
【下駄】（げた）……061
【結婚】（けっこん）……062
【結実】（けつじつ）……063
【月食】（げっしょく）……064
【結露】（けつろ）……064
【兼業】（けんぎょう）……064
【健康】（けんこう）……064
【現実】（げんじつ）……065
【倦怠期】（けんたいき）……065

こ

【恋】（こい）……065
【恋人】（こいびと）……065
【恋煩い】（こいわずらい）……066
【後悔】（こうかい）……066
【口角】（こうかく）……066
【交差】（こうさ）……066
【降参】（こうさん）……066
【公衆電話】（こうしゅうでんわ）……067
【好都合】（こうつごう）……068
【幸福】（こうふく）……069
【コーヒー】（coffee）……070
【木枯らし】（こがらし）……071
【心残り】（こころのこり）……072

【古今東西】(ここんとうざい)……073
【鼓動】(こどう)……073
【子供】(こども)……073
【ごめんなさい】……073
【木漏れ日】(こもれび)……073
【小指】(こゆび)……074
【コンパス】(compass)……075

さ

【再婚】(さいこん)……078
【歳時記】(さいじき)……078
【桜前線】(さくらぜんせん)……078
【策略】(さくりゃく)……078
【酒】(さけ)……078
【サプライズ】(surprise)……079
【さようなら】……079
【三角関係】(さんかくかんけい)……079
【三学期】(さんがっき)……079
【散歩】(さんぽ)……079

し

【死】(し)……081
【シーツ】(sheets)……082
【潮騒】(しおさい)……083
【栞】(しおり)……085
【詩人】(しじん)……086
【しずく】……087
【嫉妬】(しっと)……088
【失敗】(しっぱい)……089
【質問】(しつもん)……089
【失恋】(しつれん)……089
【詩的】(してき)……089
【自動ドア】(じどうどあ)……089
【自動販売機】(じどうはんばいき)……090
【霜柱】(しもばしら)……090
【社交辞令】(しゃこうじれい)……090
【車窓】(しゃそう)……090
【社内恋愛】(しゃないれんあい)……090
【シャワー】(shower)……091
【終電】(しゅうでん)……092
【授業】(じゅぎょう)……095
【障害】(しょうがい)……096
【条件】(じょうけん)……096
【定石】(じょうせき)……096
【食パン】(しょくぱん)……096
【助手席】(じょしゅせき)……096
【女優】(じょゆう)……097
【皺】(しわ)……097
【進行形】(しんこうけい)……097
【信号待ち】(しんごうまち)……097
【人生】(じんせい)……097
【森羅万象】(しんらばんしょう)……098

す

【吸い殻】(すいがら)……100
【数学】(すうがく)……100
【スカート】(skirt)……100
【好き】(すき)……100
【隙】(すき)……101
【透き通る】(すきとおる)……101
【スケジュール帳】(すけじゅーるちょう)……101
【鈴虫】(すずむし)……101
【すすり泣き】(すすりなき)……101
【裾】(すそ)……103
【スマートフォン】(smartphone)……104
【すれ違い】(すれちがい)……105

せ

【誠実】(せいじつ)……106
【静寂】(せいじゃく)……106
【青春】(せいしゅん)……106

【制服】(せいふく)……106
【席替え】(せきがえ)……107
【昔日】(せきじつ)……107
【惜別】(せきべつ)……107
【責務】(せきむ)……107
【世間話】(せけんばなし)……107
【刹那】(せつな)……108
【絶望】(ぜつぼう)……111
【背中】(せなか)……112
【背伸び】(せのび)……113
【蝉時雨】(せみしぐれ)……114
【線香花火】(せんこうはなび)……115

そ

【ソーシャルネットワークサービス】(social network service)……116
【卒業式】(そつぎょうしき)……116
【卒業旅行】(そつぎょうりょこう)……116
【空】(そら)……116
【空耳】(そらみみ)……116
【ソレイユ】(soleil)……117
【尊敬語】(そんけいご)……117
【存在証明】(そんざいしょうめい)……117
【尊重】(そんちょう)……117

た

【ダーリン】(darling)……120
【大安吉日】(たいあんきちじつ)……120
【大学生】(だいがくせい)……120
【タイトル】(title)……120
【体内時計】(たいないどけい)……120
【ダイヤモンド】(diamond)……121
【タクシー】(taxi)……122
【煙草】(たばこ)……123
【タバスコ】(tabasco)……124
【ため息】(ためいき)……124
【炭酸水】(たんさんすい)……124
【単純明快】(たんじゅんめいかい)……124
【誕生】(たんじょう)……125

ち

【知恵の輪】(ちえのわ)……125
【誓い】(ちかい)……125
【近道】(ちかみち)……125
【地球】(ちきゅう)……126
【チケット】(ticket)……127
【長夜】(ちょうや)……129

つ

【追伸】(ついしん)……130
【通貨】(つうか)……132
【月あかり】(つきあかり)……133
【罪】(つみ)……134
【梅雨】(つゆ)……135

て

【手編み】(てあみ)……135
【手紙】(てがみ)……135
【溺愛】(できあい)……135
【哲学者】(てつがくしゃ)……135
【デッサン】(dessin)……136

と

【道化師】(どうけし)……138
【同窓会】(どうそうかい)……139
【遠回り】(とおまわり)……141
【都会】(とかい)……142
【時の花】(ときのはな)……142
【特等席】(とくとうせき)……142
【図書館】(としょかん)……142
【途中】(とちゅう)……142
【突然】(とつぜん)……143
【都都逸】(どどいつ)……143
【途方に暮れる】(とほうにくれる)……143
【友達以上恋人未満】

（ともだちいじょうこいびとみまん）……143

な

【ナイト】（knight）……146
【ナイトメア】（nightmare）……146
【流れ星】（ながれぼし）……146
【泣き顔】（なきがお）……146
【慰める】（なぐさめる）……147
【仲人】（なこうど）……147
【夏】（なつ）……147
【夏祭り】（なつまつり）……147
【夏休み】（なつやすみ）……149
【涙】（なみだ）……150
【なりゆき】……152
【馴れ初め】（なれそめ）……152

に

【二回】（にかい）……152
【二学期】（にがっき）……152
【にきび】……152
【肉割れ】（にくわれ）……153
【虹】（にじ）……153
【日記帳】（にっきちょう）……153
【日食】（にっしょく）……153
【日常】（にちじょう）……153
【日本語】（にほんご）……155
【入道雲】（にゅうどうぐも）……156

ぬ

【縫い糸】（ぬいいと）……157
【ぬいぐるみ】……158
【縫い目】（ぬいめ）……159
【温もり】（ぬくもり）……160
【抜け殻】（ぬけがら）……162
【抜け目がない】（ぬけめがない）……162
【盗人】（ぬすっと）……162
【塗り薬】（ぬりぐすり）……162
【濡れ衣】（ぬれぎぬ）……162

ね

【寝汗】（ねあせ）……163
【寝息】（ねいき）……163
【値打ち】（ねうち）……163
【寝落ち】（ねおち）……163
【ネガティブ】（negative）……163
【ネクタイ】（necktie）……165
【ネクタイピン】（necktie pin）……165
【寝癖】（ねぐせ）……166
【猫】（ねこ）……167
【寝支度】（ねじたく）……168
【ネタバレ】（spoiler）……168
【寝溜め】（ねだめ）……168
【熱視線】（ねっしせん）……168
【熱帯夜】（ねったいや）……168
【熱鉄を飲む】（ねってつをのむ）……169
【熱伝導率】（ねつでんどうりつ）……169
【寝ても覚めても】（ねてもさめても）……169
【眠り薬】（ねむりぐすり）……169
【眠れる森の美女】（ねむれるもりのびじょ）……170
【年賀状】（ねんがじょう）……172
【年月】（ねんげつ）……172
【年齢】（ねんれい）……172

の

【ノープラン】（no plan）……172
【ノーマーク】（unmarked）……172
【ノスタルジア】（nostalgia）……173
【望み】（のぞみ）……173
【喉】（のど）……173
【暖簾】（のれん）……173
【ノンストップ】（nonstop）……173

は

【バー】（bar）……176
【バーテンダー】（bartender）……177

【パーマネント】(permanent)……178
【ハイヒール】(high heels)……178
【墓】(はか)……178
【博愛主義者】(はくあいしゅぎしゃ)……178
【白痴】(はくち)……179
【白昼夢】(はくちゅうむ)……179
【恥じらい】(はじらい)……179
【初恋】(はつこい)……180
【ハッシュタグ】(hashtag)……182
【パッシング】(passing)……182
【初デート】(はつでーと)……182
【ハッピーエンド】(happy end)……182
【花束】(はなたば)……182
【花火大会】(はなびたいかい)……183
【パフォーマンス】(performance)……183
【歯みがき】(はみがき)……183
【早起き】(はやおき)……183
【春】(はる)……183
【パレット】(palette)……184
【ハンカチ】(handkerchief)……185

ひ

【ピアス】(pierce)……187
【ビール】(beer)……188
【ひぐらし】……188
【久しぶり】(ひさしぶり)……188
【膝枕】(ひざまくら)……188
【避暑地】(ひしょち)……188
【引っ越し】(ひっこし)……189
【人違い】(ひとちがい)……189
【一目惚れ】(ひとめぼれ)……189
【雛祭り】(ひなまつり)……189
【秘密】(ひみつ)……189
【日焼け】(ひやけ)……190

ふ

【ファッションショー】(fashion show)……193
【フィアンセ】(fancee)……194
【風鈴】(ふうりん)……195
【不運】(ふうん)……196
【フォークダンス】(folk dance)……196
【不完全燃焼】(ふかんぜんねんしょう)……196
【伏線】(ふくせん)……196
【不満】(ふまん)……196
【冬】(ふゆ)……197
【プライバシー】(privacy)……197
【プラットホーム】(platform)……197
【不倫】(ふりん)……197
【故郷】(ふるさと)……197
【プロポーズ】(propose)……198
【文豪】(ぶんごう)……200

へ

【ペア】(pair)……200
【ペーパーナプキン】(paper napkin)……200
【変化】(へんか)……200
【偏見】(へんけん)……200
【弁当】(べんとう)……201

ほ

【放課後のチャイム】(ほうかごのちゃいむ)……203
【方言】(ほうげん)……204
【奉仕精神】(ほうしせいしん)……204
【法則】(ほうそく)……204
【方程式】(ほうていしき)……204
【法律】(ほうりつ)……205
【暴力】(ぼうりょく)……205
【星】(ほし)……205
【星屑】(ほしくず)……205
【蛍】(ほたる)……206
【ホットココア】(hot cocoa)……207

ま

【曲り角】(まがりかど)……210
【枕】(まくら)……211
【マシになる】(ましになる)……212
【マッチ】(match)……213
【マニキュア】(manicure)……215
【瞼】(まぶた)……216
【魔法】(まほう)……218
【幻】(まぼろし)……218
【守る】(まもる)……218
【迷い】(まよい)……218
【マリッジブルー】(marriage blue)……219

み

【見合い結婚】(みあいけっこん)……219
【見栄】(みえ)……219
【短夜】(みじかよ)……219
【湖】(みずうみ)……221
【水たまり】(みずたまり)……222
【ミステリアス】(mysterious)……223
【未亡人】(みぼうじん)……224
【耳】(みみ)……226
【耳打ち】(みみうち)……226
【未来】(みらい)……226
【未練】(みれん)……226

む

【無意識】(むいしき)……226
【無一文】(むいちもん)……227
【向かい風】(むかいかぜ)……227
【昔話】(むかしばなし)……227
【無関係】(むかんけい)……227
【麦藁帽子】(むぎわらぼうし)……228
【無口】(むくち)……229
【無形文化財】(むけいぶんかざい)……230
【無個性】(むこせい)……230
【無罪】(むざい)……230
【無彩色】(むさいしょく)……230
【無重力】(むじゅうりょく)……231
【虫除けスプレー】(むしよけすぷれー)……231
【無敵】(むてき)……231
【胸騒ぎ】(むなさわぎ)……231
【胸ポケット】(むねぽけっと)……233
【無謀】(むぼう)……234
【夢遊病者】(むゆうびょうしゃ)……234

め

【目】(め)……234
【名案】(めいあん)……234
【名文】(めいぶん)……235
【命名】(めいめい)……235
【名誉】(めいよ)……235
【眼鏡】(めがね)……235
【目くばせ】(めくばせ)……235
【メビウスの輪】(めびうすのわ)……236
【メモ帳】(めもちょう)……237
【目盛】(めもり)……238
【面識】(めんしき)……238

も

【妄想】(もうそう)……238
【盲目】(もうもく)……238
【モーニングコール】(morning call)……239
【目算】(もくさん)……239
【木犀】(もくせい)……239
【元恋人】(もとこいびと)……239
【物書き】(ものかき)……240
【門限】(もんげん)……241

や

【夜雨】(やう)……246
【やきもち】……246
【優しさ】(やさしさ)……246
【山手線】(やまのてせん)……246

ゆ

【遺言状】(ゆいごんじょう)……246
【USBメモリー】(ゆーえすびーめもりー)……246
【勇気】(ゆうき)……247
【夕煙】(ゆうけむり)……247
【優柔不断】(ゆうじゅうふだん)……247
【優先席】(ゆうせんせき)……247
【夕立】(ゆうだち)……247
【夕日】(ゆうひ)……248
【郵便受け】(ゆうびんうけ)……249
【幽霊】(ゆうれい)……250
【誘惑】(ゆうわく)……251
【浴衣】(ゆかた)……252
【夢】(ゆめ)……254

よ

【用件】(ようけん)……254
【幼少期】(ようしょうき)……254
【幼稚】(ようち)……254
【曜日】(ようび)……255
【予感】(よかん)……255
【欲】(よく)……255
【よくばり】……255
【横顔】(よこがお)……256
【四畳半のアパート】(よじょうはんのあぱーと)……257
【酔っぱらい】(よっぱらい)……258
【夜露】(よつゆ)……258
【余熱】(よねつ)……258
【予防接種】(よぼうせっしゅ)……258
【嫁入り道具】(よめいりどうぐ)……258
【寄りかかる】(よりかかる)……259
【よりを戻す】(よりをもどす)……259
【夜】(よる)……259
【弱み】(よわみ)……259

ら

【来世】(らいせ)……259
【楽園】(らくえん)……260
【落陽】(らくよう)……262
【ラジオ】(radio)……263
【ラジオ体操】(らじおたいそう)……264
【ラストオーダー】(last order)……264
【ラストシーン】(last scene)……264
【ラブレター】(love letter)……264
【ラムネ】(Ramune)……264
【ランジェリー】(lingerie)……265

り

【リアリスト】(rear list)……265
【リクルートスーツ】(recruit suit)……265
【離婚】(りこん)……265
【流行】(りゅうこう)……266
【両想い】(りょうおもい)……267
【料理】(りょうり)……268

る

【類義語】(るいぎご)……269
【ルーチンワーク】(routine work)……269
【ルール】(rule)……269

れ

【歴史】(れきし)……269
【歴史的仮名遣い】(れきしてきかなづかい)……269
【レディーファースト】(lady First)……270
【檸檬】(れもん)……271

ろ

【老後】(ろうご)……272
【蝋燭】(ろうそく)……272
【濾過】(ろか)……272
【ロマンス】(romance)……272
【ロマンチスト】(romanticist)……272

わ

【ワイシャツ】(white shirt)……273
【ワイン】(wine)……274
【若さ】(わかさ)……275
【わがまま】……275
【別れ】(わかれ)……275
【忘れ物】(わすれもの)……275
【ワンポイント】(one point)……275

結局「ロマンス」って何だろう。

「ロマンス」とは、極めて都合のよい言葉である。恋愛の生々しい表現を包み隠すオブラートのように用いられることもあれば、創作物などに対する形容しがたい感動をこの一言に集約させることもある。この便利な言葉を、世の中がもっと積極的に使っていけばいいと思う。なぜなら「ロマンス」は誰も傷つけないからだ。

本書では物や自然、あるいは行動や概念に至るまで、あらゆる語句をロマンスという視点から再定義した。全てに共通していえるのは、どれも「好きでたまらない」ということ。中には「失恋」や「嫉妬」など一見ネガティブな印象のある言葉や、「死」や「絶望」など過激なニュアンスの言葉も含まれている。しかし、それらは生きる上で人を救ってくれる財産となったり、捉え方によっては力や成長をもたらしてくれたりする存在になると思っている。

星の数ほどある言葉の中で、本書に掲載が叶ったのはほんの一握りにすぎない。しかも掲載した語句でさえ、その解釈が正解とは限らない。あくまで私による一例でしかないからだ。ただし、物事をロマンスという視点で見るという考え方だけは、誰の人生にとってもひとつのヒントになると自負している。怒りも、悲しみも、あらゆる負の感情は、その少し先に目をやるだけで、希望に変わりうるからだ。お互いが傷つけ合うのではなく、癒し合う世界が訪れたら、どんなによいだろう。「ロマンス」はそのための合言葉なのかもしれない。

2020年1月　望月竜馬

「人間とは何か？」を問う、日本一エグイ辞典が完成！

アンブローズ・ビアスの『悪魔の辞典』を原案に、
500単語を悪魔的視点で掲載。
描き下ろしイラストも150点以上収録！
文字とイラストの両面から人間の本質を問う問題作。

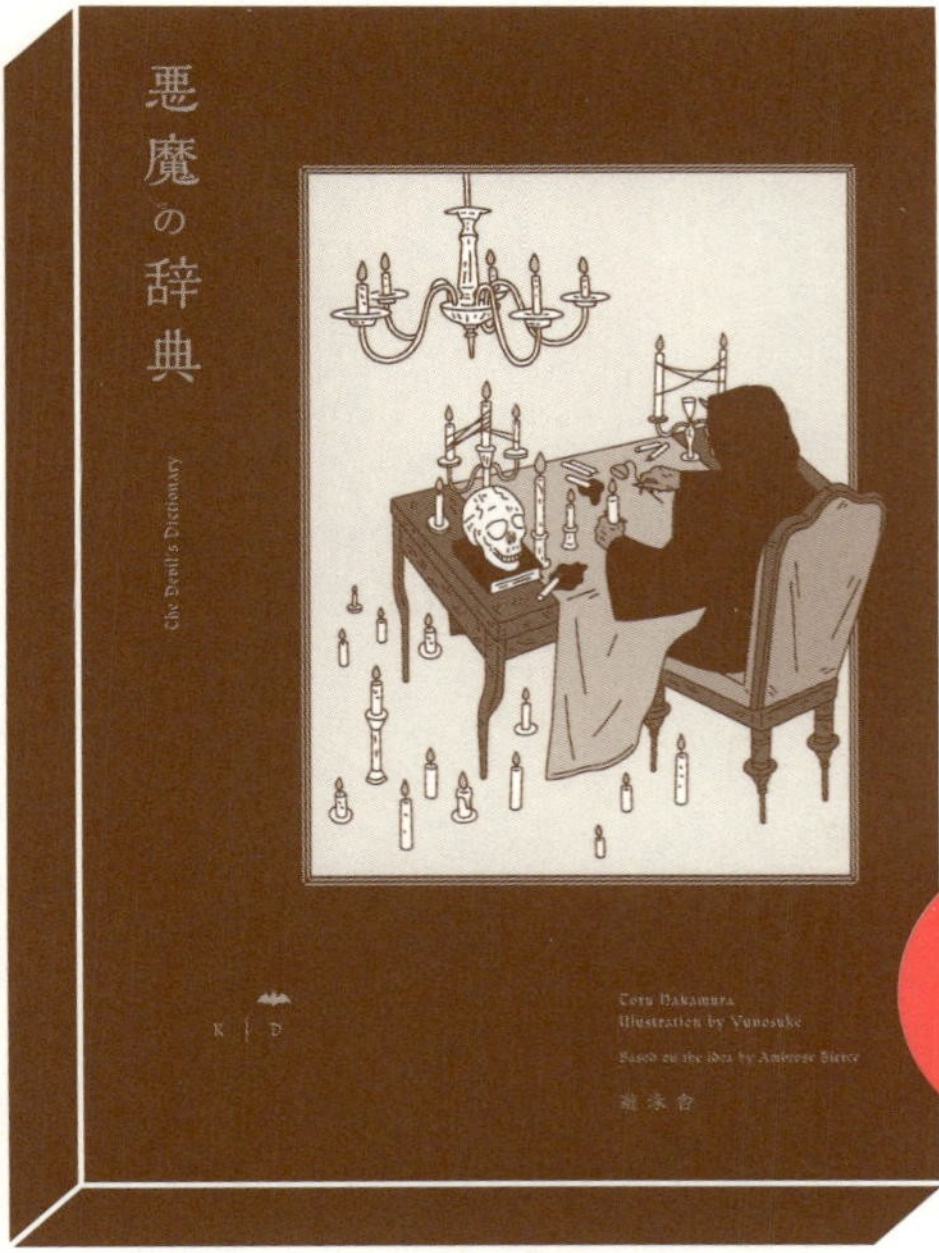

＜悪魔的視点＞
500単語
掲載！

【探偵】
物語の中では事件を誘発し、現実では他人の浮気を暴くのを生業とする職業。

【日本語】
最も美しく、高尚なガラパゴス言語。

【ビール】
泡と税金によってなる飲料。愛飲者はこれを飲むことで、そんなことは忘れてしまう。

【美容師】
あなたの頭部や首元で刃物をちらつかせながら、あなたの懐から金銭を掠め取る鏡の国の住人。

『悪魔の辞典』
原案・アンブローズ・ビアス
著・中村 徹（なかむら とおる）
絵・Yunosuke（ユーノスケ）
1600円＋税
四六判ハードカバー／288p
978-4-909842-00-8・C0095

望月竜馬
（もちづき・りゅうま）

編集者・ライター・ロマンチスト。大分県出身。思わずくすぐったくなるような、感性を刺激する本作りがテーマ。全くの異業種から、22歳で出版業界に転身。その後、書籍の編集を中心に、デザインや執筆など幅広い活動を行っている。

Juliet Smyth
（ジュリエット・スミス）

イラスト絵画を中心に、愛する喜びをテーマにした作品を描く。シンプルな線の絵に、自身で紡いだ詩を添えた形でTwitterやInstagramに掲載。挿絵、個展、企業とのコラボなど、幅広く作家活動を展開する。誰にもある「忘れたくない一瞬」を表現するのが生涯の目標。

YUEISHA DICTIONARY

ロマンスの辞典

The Romance Dictionary

2018年12月24日　初版第1刷発行
2022年　3月31日　　　第5刷発行

著

望月竜馬

イラスト

Juliet Smyth

デザイン

山本洋介、大谷友之祐
(MOUNTAIN BOOK DESIGN)

ロマンスアドバイザー

中村徹

発行者：中村徹

発行所：遊泳舎

TEL/FAX：088-819-1411
URL：http://yueisha.net
E-MAIL：info@yueisha.net

印刷・製本：シナノ印刷株式会社

Printed in Japan　ISBN 978-4-909842-01-5　C0095